HISTORIA ILUSTRADA USBORNE

EL MUNDO PREHISTÓRICO

Fiona Chandler, Sam Taplin y Jane Bingham

Diseño: Susie McCaffrey,
Steve Page y Susannah Owen

Asesores: Dr. David Norman y Dra. Anne Millard

Ilustraciones: Inklink Firenze, Ian Jackson, Giacinto Gaudenzi, Gary Bines,
David Wright, Chris Shields, Peter Massey, Sean Milne y Andrew Robinson

Con la colaboración de: Jeremy Gower, Bob Hersey, Chris Lyon y Malcolm McGregor
Mapas: Jeremy Gower

Investigación fotográfica: Sophy Tahta
Directora editorial: Jane Chisholm

Coordinadora del material gráfico: Cathy Lowe
Directora de diseño: Mary Cartwright

Traducción: Antonio Navarro Gosálvez
Redacción en español: Cristina Fernández y Anna Sánchez

Sumario

4   Los periodos prehistóricos

6   ¿Qué son los fósiles?

8   Sigue la pista

10   Historia de la vida

La Tierra

12   El nacimiento de la Tierra

14   Cambios en el mundo

Vida primitiva

16   El origen de la vida

18   Cubiertas y esqueletos

20   La multitud marina

22   Los primeros peces

24   La vida en tierra firme

26   Los peces salen del agua

28   Pantanos y bosques

Los reptiles

30   ¿Qué son los reptiles?

32   Los primeros reptiles

34   Reptiles al poder

36   Monstruos carnívoros

38   Los gigantes mansos

40   Picos y crestas

42   Cuernos, mazas y púas

44   Los reptiles marinos

46   Los reptiles voladores

48   El primer pájaro

50   La muerte de los dinosaurios

■ Los mamíferos

52 Los primeros mamíferos
54 Los marsupiales
56 El triunfo de los mamíferos
58 Cazadores y carroñeros
60 Los problemas de los herbívoros
62 Historia del caballo
64 Animales de América del Sur
66 Historia del elefante
68 Animales de la Era Glaciar

■ El hombre

70 Simios y monos
72 Simios del sur
74 Los fabricantes de herramientas
76 La llegada del fuego
78 Los primeros exploradores
80 Cazadores de la Era Glaciar
82 Las familias primitivas
84 Los primeros humanos modernos
86 Nuevos mundos
88 Los cazadores de mamuts
90 Los primeros artistas
92 De la caza a la agricultura

94 Glosario
95 Índice alfabético

Los periodos prehistóricos

os científicos opinan que la Tierra se formó hace unos 4.550 millones de años. Es tan vieja, que imaginar todo ese tiempo resulta francamente difícil.

El hombre existe desde hace sólo una pequeñísima fracción de la edad de la Tierra. Si pensáramos en la prehistoria como si fuese un año, nuestro planeta se habría formado el 1 de enero y la humanidad no habría aparecido hasta el último minuto del 31 de diciembre.

Los expertos dividen la prehistoria en una serie de periodos de varios millones de años cada uno. Este esquema te muestra los principales periodos prehistóricos, así como cuándo aparecieron sobre la Tierra las diferentes especies de plantas y animales.

HACE 362 MILLONES DE AÑOS

Los primeros anfibios

PERIODO DEVÓNICO

HACE 408 MILLONES DE AÑOS

PERIODO SILÚRICO

HACE 440 MILLONES DE AÑOS

Las primeras plantas terrestres

PERIODO ORDOVÍCICO

Los primeros peces

Los primeros animales terrestres

HACE 510 MILLONES DE AÑOS

PERIODO CÁMBRICO

Primeras criaturas con esqueleto

HACE 550 MILLONES DE AÑOS

Primeras criaturas de cuerpo blando

PERIODO PRECÁMBRICO

Aparición de las primeras células vivas

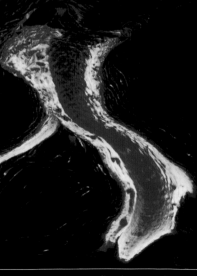

La superficie del planeta está cubierta de volcanes.

Un volcán expulsa roca líquida muy caliente.

HACE 4.550 MILLONES DE AÑOS
Formación de la Tierra

Los primeros
insectos voladores

PERIODO CARBONÍFERO

Los primeros bosques

HACE 290 MILLONES DE AÑOS

PERIODO PÉRMICO

Los primeros
reptiles
acuáticos

HACE 245 MILLONES DE AÑOS

Los primeros
dinosaurios

PERIODO TRIÁSICO

PERIODO JURÁSICO

HACE 200 MILLONES DE AÑOS

Los primeros
reptiles

Los primeros
mamíferos

Los primeros
pájaros

HACE 144 MILLONES DE AÑOS

PERIODO CRETÁCICO

Las primeras
plantas con flor

Los primeros
humanos

Los primeros
caballos

HACE 66 MILLONES DE AÑOS

HACE 1,8 MILLONES DE AÑOS

LA ACTUALIDAD

PERIODO TERCIARIO

Los primeros elefantes

Las primeras plantas
herbáceas

Los primeros felinos

PERIODO CUATERNARIO

La desaparición
de los dinosaurios

¿Qué son los fósiles?

Los fósiles son restos de animales y plantas que vivieron hace millones de años. Nos proporcionan una imagen fascinante de la vida en la Tierra antes de que se empezase a escribir la Historia.

Fósiles en las rocas

Muchos fósiles son huesos o valvas de animales conservados en rocas. Tardan millones de años en formarse. El proceso comienza cuando el organismo queda enterrado bajo varias capas de arena y barro, llamadas sedimentos, que se depositan normalmente en el fondo de lagos, ríos o mares.

Gradualmente, las capas de sedimentos que cubren el organismo se comprimen tanto que se convierten en un tipo de roca, formada por capas, llamada roca sedimentaria. El agua se filtra por la roca y empapa el esqueleto del animal. Poco a poco los minerales que lleva disueltos el agua se cristalizan (se endurecen), convirtiendo el esqueleto en un fósil.

Fósil de ammonites, un organismo marino con una valva nacarada

El cuerpo del ictiosaurio se pudre lentamente.

El esqueleto queda enterrado en sedimentos.

Un reptil marino llamado ictiosaurio que se está quedando enterrado en el fondo del mar

Capas de roca sedimentaria

Esqueleto fosilizado

Fósil de un ictiosaurio entre capas de roca

Creación de huellas

Algunos de los esqueletos enterrados en sedimentos se han disuelto, dejando su huella estampada en la roca. Algunas de esas huellas se quedan vacías, pero otras se rellenan con minerales endurecidos y crean unos fósiles llamados moldes.

Huella que dejó el esqueleto de una estrella de mar.

La subida a la superficie

Aunque la mayoría de los fósiles se formaron inicialmente bajo el agua, en la actualidad pueden encontrarse en la superficie, entre las rocas sedimentarias. Esto se debe a que, a lo largo de millones de años, la roca que estaba bajo el agua se ha visto empujada poco a poco hacia la superficie (ve a la página 15).

Huesos enterrados

Los expertos han descubierto multitud de huesos que pertenecieron a los primeros humanos y animales. Algunos quedaron conservados en roca y otros quedaron enterrados en arena muy seca o en cuevas y no les ha afectado el aire.

El cráneo de un primate, antepasado de los humanos

Fósiles de carbono

Muchas plantas e insectos de los pantanos prehistóricos quedaron enterrados a gran profundidad. Poco a poco, se fueron calentando hasta convertirse en una substancia negra llamada carbono. La mayor parte de los organismos y las plantas se convirtieron en carbón, pero otros formaron delicados fósiles de carbono.

Supervivientes blandos

Es muy raro encontrar fósiles de organismos de cuerpo blando, pero se han encontrado varios en Burgess Shale (Canadá). Quizás se originaron cuando un grupo de organismos marinos quedó enterrado en el barro debido a un corrimiento de tierras. El barro se endureció, se convirtió en roca y dejó algunos fósiles muy detallados.

Fósil de un organismo de cuerpo blando llamado *Hallucigenia*

Atrapados en ámbar

Los cuerpos de algunos insectos se han conservado durante millones de años tras quedar atrapados en la resina pegajosa de los árboles. Cuando la resina se endureció, se convirtió en una piedra amarilla llamada ámbar, y el organismo que quedó dentro se ha conservado en perfecto estado.

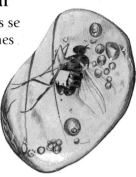

Un insecto prehistórico atrapado en ámbar

Los rastros

Ciertos organismos prehistóricos dejaron pistas de su modo de vida. Las pisadas de animales y humanos, o las marcas de los gusanos, se han conservado gracias al barro endurecido. Lo mismo ha ocurrido con los huevos y excrementos de algunos animales, que también se han fosilizado. Este tipo de restos se denominan huellas fósiles.

Un dinosaurio deja sus pisadas en el barro fresco.

Sigue la pista

Los expertos que estudian los fósiles se llaman paleontólogos. Gracias a la información de los fósiles, pueden componer una imagen increíblemente precisa de cómo era la vida en la Tierra hace millones de años.

Empecemos con los huesos

La mayoría de los fósiles que han encontrado los paleontólogos son de huesos, dientes o valvas de animales prehistóricos. Cuando descubren un yacimiento de huesos, los paleontólogos toman notas, hacen fotos y dibujos antes de mover nada. Esto les ayuda a entender cómo encaja el esqueleto.

De carne y hueso

A partir del esqueleto de un animal, un experto puede hacerse una idea bastante precisa de su aspecto. Las marcas que dejan los músculos sobre los huesos indican su disposición, y el tamaño de éstos últimos indica el peso del animal. A veces hay otras cosas que pueden ayudar: las huellas fosilizadas de piel de dinosaurio nos indican que era escamosa.

En movimiento

Además de estudiar los esqueletos de los animales, los paleontólogos estudian las pisadas y rastros fósiles para averiguar cómo se movían. Las pisadas nos dicen si el animal caminaba con las patas juntas o separadas y si vivía solo o en grupo.

Masticar y comer

La forma de los dientes de un animal nos muestra qué tipo de comida masticaba. Los expertos también examinan los excrementos fosilizados para ver lo que comían, e incluso se ha llegado a encontrar, perfectamente conservado en el estómago, lo que algún dinosaurio comió por última vez.

Esqueleto de *Stegosaurus*. Junto a él vemos una imagen aproximada de cómo era este dinosaurio en vida.

Los grandes huesos de las patas soportaban el enorme peso del dinosaurio.

El Stegosaurus *era casi tan largo como un autobús.*

A la defensiva

Las placas óseas y los pinchos del esqueleto indican que el animal necesitaba protegerse de los cazadores o depredadores. Los esqueletos nos dicen muchas más cosas acerca de los mecanismos de defensa del animal. Por ejemplo, el *Stegosaurus* tenía un corpachón enorme y un cerebro diminuto, por lo que seguramente utilizaba su tamaño y fuerza para defenderse, en lugar de la rapidez y la inteligencia.

Placa ósea recubierta de piel

El diminuto cráneo del Stegosaurus contenía un cerebro del tamaño de una nuez.

Piel escamosa

El Stegosaurus tenía unos dientes pequeños y débiles aptos para arrancar plantas.

Rompecabezas fósiles

A veces, lo más difícil es saber cómo encajan los huesos fósiles. Los expertos pensaban que las placas puntiagudas del *Stegosaurus* estaban pegadas al cuerpo como si fueran escamas, pero ahora opinan que estaban colocadas en vertical. Se cree que estas placas absorbían el calor del sol y servían para calentar al animal.

Fósiles vivientes

Ciertos animales actuales, como los cocodrilos, se parecen mucho a los que vivieron hace millones de años. El estudio de estos fósiles vivientes ayuda a los paleontólogos a entender el aspecto y la forma de vida de los animales prehistóricos.

Historia de la vida

Muchas de las plantas y animales que vivieron en la prehistoria eran muy distintos de los actuales. Esto se debe en parte a que muchas de las formas de vida prehistóricas se han extinguido, y en parte a que todos los seres vivos van cambiando gradualmente.

Los primeros organismos de la Tierra eran animales muy simples. Durante millones de años, estos organismos fueron cambiando, o evolucionando, hasta convertirse en animales distintos. Este proceso de cambio se llama evolución.

Cómo funciona la evolución

La primera persona que explicó la evolución fue un científico llamado Charles Darwin, que vivió de 1809 a 1882. La base de su teoría aún se acepta hoy en día.

Charles Darwin

Darwin se dio cuenta de que no había dos animales exactamente iguales. Por ejemplo, un ciervo puede tener las patas un poco más largas que otro. Como unas patas largas sirven para escapar mejor de un ataque, tenerlas da más posibilidades de sobrevivir y tener crías. Puede que las crías también tengan las patas largas como su padre o madre, y con el tiempo puede que evolucione un nuevo tipo de ciervo de patas largas.

Estos dibujos te muestran cómo, con una serie de pequeños cambios, un tipo de animal puede evolucionar hasta convertirse en otro totalmente distinto.

4 *Los pájaros de hoy en día no tienen dientes, y sus huesos son huecos para que no pesen. Las fuertes alas son ideales para volar.*

3 *Los brazos con plumas se convirtieron en alas. Este pájaro primitivo tenía dientes, como los dinosaurios, y pesaba bastante.*

2 *A algunos de estos dinosaurios les salieron plumas, que los mantenían calientes. Otros también tenían pico.*

1 *Éste es un dinosaurio típico de piel escamosa que camina a dos patas.*

Pistas fósiles

Los fósiles más antiguos que se han encontrado pertenecen a formas de vida extremadamente simples. Los fósiles de organismos complejos, como los reptiles y los pájaros, se encuentran sólo en rocas mucho más recientes, lo que indica que los seres vivos no aparecieron en la Tierra a la vez, sino que evolucionaron gradualmente.

Las familias de animales

Para entender cómo un tipo de animal puede haber evolucionado a partir de otro, los científicos tienen que averiguar qué animales están emparentados. Esto se hace dividiéndolos en grupos.

Todos los miembros de un grupo tienen cosas en común. Cuantas más tengan, más cercano es su parentesco.

Los grupos más amplios se llaman reinos. Por ejemplo, todos los animales pertenecen al reino animal. Dentro de este grupo hay otros más pequeños, y así sucesivamente.

El grupo más pequeño de todos se denomina especie. Los animales que pertenecen a una misma especie son muy parecidos y pueden reproducirse entre sí.

Los leones y los leopardos pertenecen a especies distintas, pero los dos son grandes felinos y pertenecen a la familia de los felinos.

Aquí puedes ver el lugar que ocupan los grandes felinos dentro del reino animal. Al ir bajando, comprobarás que los animales de cada grupo tienen cada vez más cosas en común.

EL REINO ANIMAL
(todos los animales)

VERTEBRADOS
(animales con columna vertebral)

MAMÍFEROS
(animales que alimentan a sus crías con leche)

CARNÍVOROS
(mamíferos que comen carne)

FELINOS

GRANDES FELINOS

Los leones pertenecen a una especie llamada Panthera leo.

Los leopardos pertenecen a una especie llamada Panthera pardus.

Los nombres de las especies

Los científicos han dado a cada especie un nombre especial, escrito en latín, que suele describirla. Por ejemplo, los primeros humanos que caminaban totalmente erguidos se conocen como *Homo erectus*, que significa "hombre erguido".

El nacimiento de la Tierra

La Tierra es un planeta péqueñísimo en un universo enorme. El universo está compuesto por miles de millones de estrellas y planetas, y enormes nubes de gas, además de vastísimos espacios vacíos. Las estrellas se agrupan por millones, formando galaxias.

El Sol es una estrella diminuta de nuestra galaxia, la Vía Láctea.

El Big Bang

Los científicos creen que el universo comenzó hace más de 15.000 millones de años con una explosión increíblemente fuerte, que denominan el Big Bang (la gran explosión). Se produjo una bola de fuego enorme, que se enfrió y formó partículas diminutas. Todo lo que existe en el universo está formado por esas partículas diminutas, llamadas materia.

Estas imágenes nos muestran lo que podría haber pasado tras el Big Bang.

1 *La bola de fuego fue el principio de la expansión del universo (que aún sigue expandiéndose hoy en día).*

2 *Cuando la bola de fuego se enfrió, las partículas se agruparon formando densas nubes de gas y polvo.*

3 *Las nubes atrajeron cada vez más polvo y gas. Los gases se fueron calentando hasta que comenzaron a arder, formándose las estrellas.*

4 *Los planetas se formaron a partir de los restos de polvo y gas que giraban alrededor de las estrellas.*

El planeta Tierra

La Tierra se formó hace unos 4.550 millones de años, a partir de una nube de polvo y gas que giraba alrededor del Sol. Poco a poco, la Tierra se fue calentando hasta que se convirtió en una bola de roca líquida y metal. Los materiales más ligeros salieron flotando a la superficie, donde al enfriarse formaron una corteza dura y rocosa. Las rocas del interior permanecieron a gran temperatura y en estado líquido.

Este diagrama muestra el interior de la Tierra, tal como es hoy en día.

La corteza terrestre es una fina capa de roca que alcanza los 65 km de profundidad.

La corteza descansa sobre una capa de roca caliente, parcialmente derretida, llamada manto.

El núcleo externo está hecho de metal caliente y líquido.

El núcleo interno está compuesto en su mayor parte de hierro. Está a una temperatura altísima.

Un planeta sin vida

Durante millones de años después de su formación, no hubo vida en la Tierra. No había agua, ni aire, ni protección contra los rayos solares nocivos. Los volcanes expulsaban roca líquida al rojo vivo, y sobre la superficie del planeta caían rocas gigantescas del espacio, llamadas meteoritos.

Esta escena muestra el aspecto que pudo tener la Tierra hace 4.000 millones de años.

No hay seres vivos, porque no hay oxígeno para respirar.

Meteoritos que caen

La superficie de la Tierra es seca y rocosa. No hay plantas.

Este enorme agujero, llamado cráter, fue creado por el impacto de un meteorito.

La roca líquida sale a la superficie a través de grietas de la corteza terrestre.

Los primeros océanos

Los volcanes de la superficie de la Tierra lanzaban enormes nubes de vapor y gas que se acumularon formando una gruesa capa alrededor del planeta. Cuando las nubes se enfriaron, el vapor se convirtió en agua y comenzó a llover. Llovió durante miles de años seguidos y el planeta se inundó, formándose los océanos.

Los volcanes expulsan roca líquida de las entrañas del planeta.

La roca líquida del interior de la Tierra se llama magma. Cuando llega a la superficie, se llama lava.

La lava se enfría y se endurece, formando rocas.

Los volcanes expulsan nubes de gas y vapor.

Mares hirvientes

La Tierra siguió sufriendo el impacto de meteoritos enormes hasta hace 3.800 millones de años. Cuando los meteoritos caían en la superficie, desprendían un calor tal que se cree que podrían haber hecho que los mares hirviesen, lo cual habría destruido cualquier forma primitiva de vida.

Cambios en el mundo

La Tierra no siempre ha tenido el aspecto que tiene hoy, sino que, desde que se formó, su superficie ha ido cambiando. Se crean rocas nuevas a cada instante, y la disposición de los continentes cambia constantemente.

Un rompecabezas gigante

La corteza terrestre está dividida en varias piezas enormes, llamadas placas, que encajan como un rompecabezas gigantesco. La mayoría de las placas están formadas en parte por tierra firme (llamada corteza continental) y en parte por suelo oceánico (corteza oceánica).

El dibujo muestra algunas de las placas de la Tierra, con una de ellas levantada.

América del Sur

Placa de América del Norte

Suelo del océano Atlántico

Borde entre dos placas

Esta placa está formada en su totalidad por suelo oceánico.

Placa de América del Sur

Placa Africana

Placas en movimiento

El suelo que hay bajo tus pies parece muy sólido, pero en realidad se está moviendo. Las placas que componen la corteza están flotando sobre una capa de roca fundida. Esta roca caliente (o magma) está en constante movimiento y arrastra las placas consigo. Algunas placas chocan entre sí, mientras que otras tienden a separarse.

Este dibujo muestra el movimiento de las placas sobre la superficie de la Tierra.

Espacio entre dos placas

El magma caliente se enfría y forma rocas nuevas.

Al añadirse roca nueva, el suelo oceánico se desplaza hacia los lados.

Océano

Corteza oceánica (suelo oceánico)

La roca líquida de un volcán forma otra isla en el océano.

El magma caliente (roca líquida) sube a la superficie de la Tierra.

El magma se desplaza hacia los lados, arrastrando las placas consigo.

La formación de las montañas

Éste es el Everest. Forma parte de una cadena montañosa llamada el Himalaya, que se formó al chocar la placa de la India contra el continente asiático.

Cuando dos placas colisionan, la superficie terrestre se pliega en los bordes de éstas y se forman enormes cadenas montañosas. Este tipo de montañas se llaman, por su formación, montañas de pliegue, y entre ellas están algunas de las más altas del mundo.

Continentes a la deriva

Las placas de la Tierra se mueven a la misma velocidad que crece una uña. Tras millones de años, los continentes pueden cubrir distancias enormes. 250 millones de años atrás, los continentes estaban unidos formando un supercontinente gigantesco llamado Pangea, que poco a poco se fue dividiendo.

Este mapa muestra cómo Pangea se dividió hasta formar los continentes que conocemos.

Hace 200 millones de años

PANGEA

Hace 120 millones de años

Hace 60 millones de años

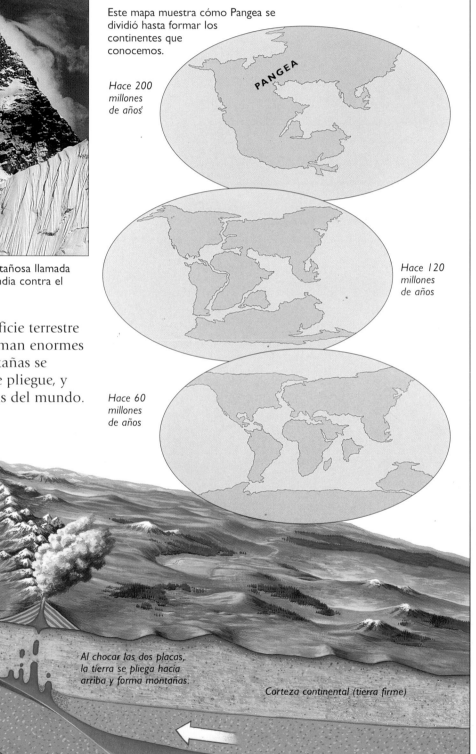

Fosa marina

Volcán

Al chocar las dos placas, la tierra se pliega hacia arriba y forma montañas.

Corteza continental (tierra firme)

Cuando dos placas colisionan, una se mete por debajo de la otra.

El origen de la vida

Todos los seres vivos están formados por unidades diminutas llamadas células. Principalmente las células están hechas de unas sustancias químicas llamadas proteínas, aunque el origen de éstas últimas se desconoce.

Varias células simples, aumentadas 33.000 veces su tamaño real

Caldo químico

Hace cerca de 3.800 millones de años, la superficie de la Tierra estaba cubierta por volcanes que expulsaban gases venenosos. Dichos gases se disolvieron en las aguas templadas de los océanos, lo cual produjo una especie de "caldo" químico. Se cree que esas sustancias químicas reaccionaron y formaron otras más complejas, como las de las proteínas.

De proteínas a células

Aunque los científicos entienden cuál podría ser el origen de las primeras proteínas, no están seguros de la forma en que esas proteínas se unieron para formar algo tan complicado como una célula viva.

Se cree que las primeras células se formaron en los mares. Una película de proteínas flotando en la superficie del agua pudo romperse y formar diminutas esferas que contenían elementos químicos.

Las células también pudieron formarse alrededor de manantiales de agua caliente. Las proteínas pudieron fundirse y formar, al enfriarse, diminutas células esféricas.

Otra teoría dice que el barro del fondo de los mares poco profundos contribuyó a que las pequeñas partículas proteínicas se unieran y formaran algunos de los elementos químicos que se encuentran en las células.

Bacterias azules

Las primeras formas de vida tenían una sola célula, como las bacterias. Millones de años más tarde, ciertas bacterias, llamadas algas verdeazuladas, comenzaron a usar la luz del sol y el agua para fabricar su alimento. Este proceso se llama fotosíntesis, y lo utilizan todas las plantas para vivir.

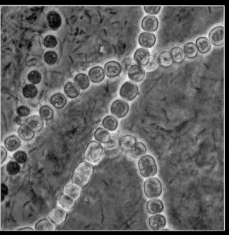

Estas algas verdeazuladas se han aumentado más de 1.000 veces.

La electricidad de un rayo como éste podría haber desencadenado la reacción química.

Los primeros fósiles

Los primeros indicios de vida en la Tierra son unos **Estromatolitos** fósiles llamados estromatolitos, que contienen los restos de nutridos grupos de algas verdeazuladas. Algunos tienen más de 3.500 millones de años.

Algunas algas primitivas quedaron atrapadas en una especie de pasta química. Esa pasta se endureció y se convirtió en una sustancia cristalina, que conservó las algas en forma de fósiles microscópicos.

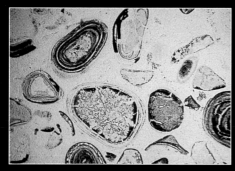

Algas fosilizadas vistas a través de un potente microscopio

Un cambio de aires

La Tierra estaba rodeada por una gruesa capa de gases llamada atmósfera. Durante millones de años, la atmósfera terrestre no contuvo oxígeno (el gas que los animales necesitan para respirar).

Cuando las plantas fabrican su alimento mediante la fotosíntesis, producen oxígeno. Al crecer el número de algas verdeazuladas, comenzó a aumentar el nivel de oxígeno en la atmósfera, lo cual permitió que se desarrollaran nuevas formas de vida.

¿Los primeros animales?

Los primeros rastros de animales son las huellas que dejaron en el fondo del mar los gusanos. Como los primeros animales no tenían esqueleto, es muy difícil encontrar fósiles.

Cerca de 600 millones de años atrás ya había aparecido una gran cantidad de organismos, tan raros como maravillosos. Algunos eran tan extraños que los científicos no están seguros de que fueran animales.

Los organismos que ves abajo vivieron en el mar entre 600 y 550 millones de años atrás.

Los fósiles de todos estos organismos de cuerpo blando se encontraron en las colinas Ediacara, en el sur de Australia.

Estos extraños organismos con forma de disco se dejan llevar por la corriente.

Estas plumas de mar parecen plantas, pero en realidad cada una de ellas es un grupo de animales diminutos.

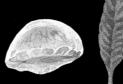

Este organismo, llamado Spriggina, es todo un misterio. Se cree que era un tipo de gusano aplanado.

Una Dickinsonia (una especie de gusano plano) arrastrándose sobre el lecho marino

Estos organismos se alimentan de las algas verdeazuladas que cubren el lecho marino.

Algunos científicos piensan que la Spriggina se adhería al fondo del mar con la "cabeza".

Las plumas de mar están adheridas al lecho marino.

Un Tibrachidium, un misterioso organismo con forma de medusa, se arrastra por el fondo del mar.

Cubiertas y esqueletos

Al principio, la vida en la Tierra evolucionó muy lentamente. Tuvieron que pasar más de 3.000 años para que las células dieran lugar a los primeros animales sin esqueleto (ve a la página 17). Más tarde, hace unos 550 millones de años, al principio del periodo Cámbrico*, comenzó a aparecer en los mares una increíble diversidad de organismos nuevos.

Gran parte de ellos tenía cubiertas duras o esqueletos externos para proteger sus cuerpos blandos. Algunos tenían patas articuladas. Los animales que tienen patas articuladas y un esqueleto externo se llaman artrópodos.

El trilobites es un artrópodo muy común del Cámbrico.

El cuerpo está dividido en segmentos.

Cabeza

Cada segmento tiene una capa dura que lo recubre, que es el esqueleto del animal.

Organismos curiosos

En el yacimiento de Burgess Shale, en Canadá, se han hallado fósiles de organismos muy extraños del periodo Cámbrico. Estos fósiles son muy especiales porque muestran organismos de cuerpo blando con gran detalle, tanto, que a veces podemos ver hasta qué comió el animal por última vez.

En el dibujo tienes algunos de los extraños organismos de Burgess Shale.

Las esponjas se alimentan de diminutas partículas que absorben a través de sus agujeros.

La Marrella tiene unas espinas larguísimas que la protegen de los depredadores.

La mayoría de las esponjas tienen espinas para apoyarse y protege sus partes blandas.

Una Marrella se arrastra por el lecho marino, usando sus antenas para buscar comida.

Las escamas brillantes y las espinas punzantes de la Wiwaxia reflejan la luz y asustan a los depredadores.

Los gusanos anidan en el lecho marino para evitar que se los coman.

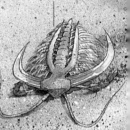

La Ottoia es un fero gusano con hileras de ganchos y espinas alrededor de la boca.

La Aysheaia tiene pinchos en las patas para subirse a las esponjas que devora.

Un gusano llamado Burgessothaeta usa sus tentáculos para buscar comida.

Los primeros cazadores

Al principio del periodo Cámbrico, algunos animales comenzaron a cazar y devorar a otros. Es probable que las criaturas de cuerpo blando desarrollaran cubiertas y esqueletos como medida de defensa.

Si quieres saber más sobre los periodos de la prehistoria, ve a las páginas 4 y 5.

El Anomalocaris es el animal más grande y feroz de Burgess Shale.

Garras articuladas para atrapar a sus presas

Estos organismos, que parecen de gelatina, son Eldonias. El tubo que ves podría ser el intestino del animal.

Este organismo, parecido a una flor, se llama Dinomischus

Boca con placas afiladas para morder

La Pikaia nada agitando el cuerpo de lado a lado.

Cinco ojos elevados

La Opabinia tiene una trompa larga con garras en la punta.

La Hallucigenia come animales muertos, o sea, es un carroñero.

Trilobites muerto

La Hallucigenia tiene espinas en el lomo y patas carnosas.

¿Zancos o espinas?

Algunos de los organismos de Burgess Shale han confundido a los expertos. Durante muchos años, se creyó que la *Hallucigenia* caminaba sobre una especie de zancos y que tenía tentáculos en el lomo; no obstante unos fósiles hallados hace poco en China han demostrado que los "zancos" son en realidad las espinas que el animal tenía sobre el lomo. ¡Los científicos lo estaban mirando al revés!

¿Nuestro antepasado más lejano?

Uno de los organismos más importantes de Burgess Shale es un animal pequeño y parecido a una anguila, llamado *Pikaia*. Pertenece al grupo de los cordados, animales con una parte dura que forma la espina dorsal. Los humanos también son cordados, así que la *Pikaia* podría ser uno de nuestros antepasados más lejanos.

Unos científicos chinos han descubierto recientemente un cordado llamado *Cathaymyrus*, aún más antiguo que la *Pikaia*. Quizá éste sea el principio de la humanidad.

Cathaymyrus

La multitud marina

Hace unos 510 millones de años se extinguieron gran parte de los extraños organismos del Cámbrico y en su lugar apareció una enorme variedad de organismos nuevos, que prosperaron en los mares cálidos y poco profundos de los periodos Ordovícico y Silúrico. Algunos de estos organismos, como las estrellas de mar, lirios de mar y corales, siguen existiendo hoy en día.

Colonias de coral

Los corales son organismos diminutos, con forma de bolsa, que viven juntos en grandes grupos o colonias. Usan sus tentáculos para llevarse el alimento a la boca.

Tentáculo

Corales

Los corales tienen esqueletos duros y calcáreos, que protegen sus partes blandas y, con el tiempo, se acumulan hasta formar salientes rocosos llamados arrecifes. Los primeros arrecifes de coral aparecieron hace 450 millones de años, durante el Ordovícico.

Estrellas de mar con tallo

Las estrellas de mar pertenecen a un grupo de animales llamados equinodermos, que significa "de piel espinosa". Sus primos, los lirios de mar, son una especie de estrellas de mar con tallo, y tienen multitud de brazos recubiertos de ventosas que atrapan las partículas alimenticias.

Brazos

El tallo está fijado al lecho marino.

Fósil de un lirio de mar prehistórico

Dibujo de un arrecife de coral del periodo Ordovícico.

Los briozoos forman una red de diminutos tubos entrelazados.

Estos corales viven en una colonia con forma de cadena.

Estos corales viven en una colonia con forma de tarta.

Los trilobites razan sobre el lecho marino.

Los restos de valvas y esqueletos de distintos organismos marinos contribuyen a la formación de un arrecife de coral.

Corales cuerno

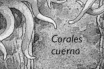

Los caracoles marinos tienen dientes en la lengua para poder arrancar la comida del fondo del mar.

Éste es un tipo primitivo de estrella de mar.

Estos braquiópodos, o valvas "candil", absorben del agua pequeñas partículas de comida.

Los lirios de mar o crinoides agitan los brazos en el agua para atrapar comida.

Esponja

Organismos en taza

Existieron unos organismos muy pequeños llamados graptolitos que también vivían en colonias. Cada colonia de graptolitos estaba formada por muchas "tazas" duras unidas. En cada una de ellas vivía un animal. Las colonias podrían haber vivido sobre el lecho marino o flotando en el agua.

Una colonia de graptolitos

Cada animal saca sus tentáculos para atrapar comida.

"Taza" córnea

Un nautiloideo en plena caza

La valva tiene espacios huecos para que el animal flote mejor.

Tentáculos cubiertos de ventosas para atrapar presas

Depredadores poderosos

Los animales que cazan y devoran otros animales se denominan depredadores. Durante los periodos Ordovícico y Silúrico, los depredadores se hicieron expertos en perseguir y atrapar a sus presas.

Un grupo de depredadores eran los nautiloideos. Gozaban de una vista excelente y unos tentáculos muy largos con los que atrapaban su alimento. Los nautiloideos eran nadadores veloces y se movían expulsando agua de sus valvas.

Los predadores más feroces eran los euryptéridos, o escorpiones marinos. El más grande de todos era el *Pterygotus*, que alcanzaba los dos metros de longitud. Tenía unas pinzas muy afiladas y usaba la cola como remo para moverse rápidamente por el agua.

Ojos grandes para ver a sus presas.

Patas con forma de remo que sirven para nadar

Este escorpión de mar ha atrapado un trilobite con una de sus pinzas.

Éste es un escorpión de mar gigante llamado Pterygotus.

Los primeros peces

Los primeros peces aparecieron hace unos 510 millones de años, al principio del periodo Ordovícico, y fueron los primeros organismos que contaron con una columna vertebral para sostener su cuerpo. Los animales con columna vertebral se llaman vertebrados.

Peces sin mandíbulas

Los primeros peces no tenían mandíbulas para abrir y cerrar la boca. Vivían en el fondo del mar y absorbían pequeñas partículas de alimento del lecho marino.

El *Sacabambaspis*, un pez primitivo sin mandíbula

Placas óseas alrededor del cuerpo y la cabeza

Peces con mandíbulas

Los primeros peces con mandíbulas aparecieron durante el periodo Silúrico. Se llaman acantodios, o "tiburones espinosos", aunque en realidad no eran tiburones.

Los peces que tenían mandíbulas las usaban para atrapar y morder, por lo que podían comer una variedad mucho mayor de alimento. Gran parte de ellos se convirtieron en depredadores.

Estos peces pequeños son acantodios.

Las agallas les sirven para respirar, extrayendo el oxígeno del agua.

Dientes puntiagudos y afilados para atrapar a sus presas

Peces feroces

Los placodermos, o "pieles acorazadas", eran depredadores especialmente feroces. Algunos eran gigantescos y tenían unas poderosas mandíbulas con unas placas de hueso dentadas y afiladas.

Este dibujo muestra algunos de los peces que vivieron en el periodo Devónico, entre 408 y 362 millones de años atrás.

Es probable que el placodermo usara sus aletas, que eran como patas, para afianzarse en el lecho marino.

Un tipo de tiburón primitivo llamado Cladoselache

El cuerpo está preparado para deslizarse rápidamente en el agua.

Cuando los dientes de un tiburón se desgastan, le salen otros por detrás.

Las aletas amplias y rígidas estabilizan al tiburón en el agua.

Las espinas de sus aletas hacen que los acantodios sean difíciles de comer.

Las aletas le sirven para mantenerse derecho y avanzar por el agua.

Los primeros tiburones

Los tiburones aparecieron por primera vez durante el periodo Devónico. El esqueleto de un tiburón no está hecho de hueso, sino de cartílago (igual que la parte dura de tu nariz), que es más ligero que el hueso y les ayudaba a flotar.

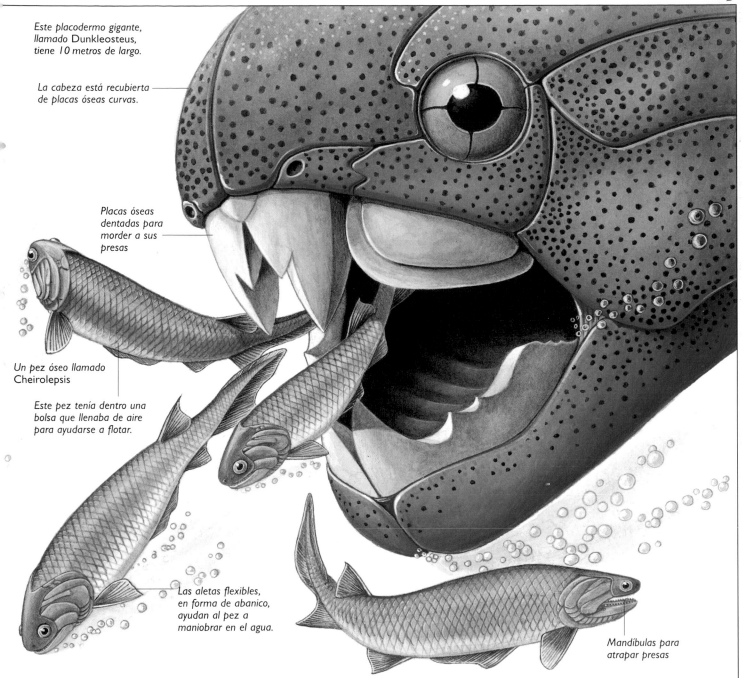

Este placodermo gigante, llamado Dunkleosteus, tiene 10 metros de largo.

La cabeza está recubierta de placas óseas curvas.

Placas óseas dentadas para morder a sus presas

Un pez óseo llamado Cheirolepsis

Este pez tenía dentro una bolsa que llenaba de aire para ayudarse a flotar.

Las aletas flexibles, en forma de abanico, ayudan al pez a maniobrar en el agua.

Mandíbulas para atrapar presas

Peces óseos

La mayoría de los peces que viven hoy en día tienen esqueletos óseos o de hueso. Casi todos los peces óseos pertenecen a un grupo que tiene "aletas radiales", unas aletas muy delicadas, en forma de abanico, sostenidas por barras óseas (o radios).

Algunos peces óseos pertenecen al grupo que tiene "aletas carnosas", formadas principalmente por hueso y músculo, con un reborde de radios en las puntas. Los vertebrados terrestres evolucionaron a partir de estos peces (ve a las páginas 26 y 27).

El celacanto, un pez de aletas carnosas que apenas ha cambiado desde el Devónico.

La vida en tierra firme

La vida en nuestro planeta se originó en el mar. Durante millones de años, la superficie de la Tierra estuvo barrida por los nocivos rayos solares ultravioleta, y apenas había vida en ella. A la orilla del mar crecía una especie de plantas simples llamadas algas, pero el resto de la tierra era rocosa y estaba vacía.

Poco a poco, una capa de gas llamado ozono se fue acumulando alrededor del planeta. El ozono bloqueó parte de los rayos solares y permitió que las plantas y animales sobrevivieran en tierra firme.

Plantas terrestres

Las primeras plantas terrestres conocidas aparecieron hace cerca de 440 millones de años, al final del periodo Ordovícico. Seguramente eran parientes de los actuales musgos y hepáticas, y sólo crecían en lugares muy húmedos.

Una hepática actual

Problemas para las plantas

Para sobrevivir en tierra firme, las plantas necesitan raíces con las que absorber el agua del suelo, y una red de tubos para transportar el agua desde las raíces al tallo. El exterior tenía que ser impermeable, para que no se secara, y el tallo tenía que ser lo bastante fuerte como para mantener erguida la planta.

La primera planta conocida que tuvo esas características fue la *Cooksonia*, que apareció hace 420 millones de años.

Cooksonia

Animales terrestres

Las plantas terrestres constituyeron la primera fuente de alimento para los animales. Los primeros que salieron del agua fueron los artrópodos, como las arañas, los ciempiés y los insectos.

El dibujo muestra algunas de las plantas y animales que vivieron en tierra firme hace unos 400 millones de años.

Esta planta sin hojas se llama Aglaophyton.

Aquí dentro hay células diminutas, llamadas esporas, que se vuelan con el viento y hacen crecer otras plantas.

La Rhyniella *es un insecto diminuto y sin alas.*

Los ciempiés cuentan con colmillos venenosos para cazar a sus presas.

Un Asteroxylon, *que tenía los tallos cubiertos de diminutas hojitas escamosas*

Esta planta se llama Rhynia.

Cápsula con esporas

Esporas y semillas

Las primeras plantas producían esporas, unas células diminutas de las que crecían otras plantas. En el periodo Devónico, ciertas plantas, como los helechos, empezaron a producir semillas en lugar de esporas. Las semillas son más resistentes y pueden crecer en un suelo más seco; esto ayudó a las plantas a colonizar zonas con menos agua.

Fósil de un helecho

El Horneophyton *crece con forma de arbusto.*

El escorpión tiene un aguijón venenoso para picar a sus presas.

Un ácaro absorbe savia de una planta.

El Palaeocharinoides, *parecido a una araña, se alimenta de insectos, ácaros y larvas.*

Cucarachas

Un ciempiés alimentándose de plantas putrefactas

Cuando las plantas muertas se pudren, se mezclan con los granitos de roca para formar tierra.

Los peces salen del agua

Durante el periodo Devónico, el clima de la Tierra se hizo más cálido y comenzó a llover menos. Los lagos y los ríos contenían menos agua y por tanto menos oxígeno, así que los peces que los habitaban tuvieron que adaptarse para sobrevivir.

Pulmones y patas

Ciertos peces, los de "aletas carnosas", tenían pulmones además de agallas, así que podían respirar aire si no había suficiente oxígeno en el agua. Puede que usaran sus fuertes aletas musculosas para sacar la cabeza del agua.

Los científicos opinan que las aletas musculosas de estos peces se convirtieron, poco a poco, en cuatro patas. Los huesos de las aletas son muy parecidos a los de las patas de los animales terrestres.

Peces con patas

Uno de los primeros animales de cuatro patas fue el *Acanthostega*. Tenía agallas para respirar bajo el agua y no podía sobrevivir mucho tiempo en tierra. Sus patas cortas le permitían desplazarse por el agua incluso cuando no había profundidad suficiente para nadar.

¿Por qué les crecieron patas?

Antes los expertos pensaban que a los peces les crecieron patas para poder caminar hacia otras lagunas si se secaba la laguna donde vivían. Ahora se cree que los peces desarrollaron patas y pulmones para poder vivir en aguas poco profundas, y no para salir a tierra firme.

Un pez de aleta carnosa llamado Eusthenopteron respira en la superficie del agua.

El pez utiliza sus potentes aletas para elevarse.

Este pez, llamado Panderichthys, tiene cuatro aletas muy fuertes que hacen las veces de "brazos" y "piernas", pero no tiene aleta dorsal (en el lomo).

Cola ancha, como la de los peces

El Acanthostega utiliza sus patas en forma de aleta para nadar.

Agallas para respirar bajo el agua

Cuerpo hidrodinámico, preparado para deslizarse por el agua

En tierra firme

Hace unos 375 millones de años apareció un animal llamado *Ichthyostega*. Vivía sobre todo en el agua, pero podía también respirar aire y subir a tierra firme. Seguramente volvía al agua a poner huevos, como hacen los anfibios, que viven en tierra firme y ponen sus huevos en el agua.

Esta escena muestra algunos animales que vivían en un lago poco profundo del Devónico.

Las patas traseras son demasiado débiles para poder usarlas en tierra.

El Ichthyostega *se arrastra usando sus potentes patas delanteras.*

Una fuerte caja torácica protege los pulmones del animal.

Cola de pez

En aguas poco profundas, el Acanthostega se empuja de un lado a otro con sus patas.

Cada pata tiene ocho dedos, que le sirven para agarrarse al fondo del lago.

Patas traseras anchas, a modo de remos

Huesos fuertes

El *Ichthyostega* tenía un esqueleto robusto que sostenía su corpachón. Los animales que viven sólo en el agua no necesitan un esqueleto fuerte, porque los sostiene el agua, pero si vivieran en tierra firme su propio peso aplastaría sus partes blandas.

En el agua, el Ichthyostega es un cazador rapidísimo.

Agallas

Mandíbulas poderosas para atrapar peces

Pantanos y bosques

A l comienzo del periodo Carbonífero, hace 362 millones de años, había extensas zonas pantanosas. El clima era cálido y húmedo, y los grandes pantanos eran lugares ideales para que las plantas y los árboles crecieran. Había bosques enormes y espesos de árboles gigantes, que ocupaban continentes enteros.

Los árboles de los bosques del Carbonífero eran muy distintos de los actuales. Los más altos eran los musgos gigantes, unas plantas musgosas con tallo. Tenían una corteza verde y escamosa, y alcanzaban los 50 metros de altura.

Esta escena muestra algunas de las plantas y animales que vivieron en un pantano del Carbonífero, hace unos 350 millones de años.

El Lepidodendron *es el más alto de los musgos gigantes.*

La Meganeura, *una libélula gigante con una envergadura de 60 cm.*

Un ciempiés gigante se alimenta de hojas podridas.

Un microsaurio, un anfibio parecido a un lagarto, descansa sobre un tronco caído.

El Diplocaulus tiene unas extrañas aletas en la cabeza para ayudarse a nadar.

El Keraterpeton usa su larga cola para nadar.

El Gephyrostegus tier dientes puntiagudos para comer insectos.

La formación del carbón

Las plantas muertas y los árboles caídos se acumulaban en el suelo del bosque y poco a poco quedaban enterrados bajo capas de barro. Con el paso de millones de años, se aplastaron tanto que se endurecieron y se convirtieron en carbón, que en algunas partes del mundo se sigue extrayendo.

Bichos enormes

Los pantanos del Carbonífero estaban repletos de insectos, arañas y bichos enormes. Las libélulas gigantes, los primeros organismos con alas, revoloteaban entre los árboles. Había ciempiés gigantes de hasta 2 metros de largo entre las hojas muertas y arañas enormes que tejían telas sencillas para atrapar a sus presas.

La era de los anfibios

Durante el periodo Carbonífero apareció una enorme variedad de anfibios. Algunos eran animalitos con forma de lagarto que correteaban por el bosque buscando insectos para comer. Otros cazaban en el agua como los cocodrilos, y otros fueron perdiendo las patas y nunca más pudieron vivir en tierra firme.

Como los anfibios actuales, los anfibios primitivos ponían sus huevos blandos y gelatinosos en las lagunas o los arroyos, así que tenían que quedarse cerca del agua. Si querían vivir en tierra firme, había que solucionar este problema.

Estos musgos gigantes, llamados Sigillaria, no tienen ramas, sino sólo un manojo de hojas.

Equiseto gigante

Helecho arborescente

Los helechos y los equisetos crecen al nivel del agua.

Una araña espera a que los insectos caigan en su red.

El Pholidogaster, un animal grande como un cocodrilo, caza peces y anfibios más pequeños.

Esta especie de lagarto puede que pasara toda su vida en tierra firme.

El Ophiderpeton es un anfibio sin patas, parecido a una anguila.

¿Qué son los reptiles?

Hace unos 300 millones de años, un nuevo tipo de animales evolucionó a partir de los anfibios: los reptiles. Fueron los primeros vertebrados (animales con columna vertebral) capaces de vivir en tierra firme permanentemente. Los reptiles actuales, como los lagartos, los cocodrilos y las tortugas, nos dan una idea de cómo vivían los reptiles primitivos.

Mantener el calor

Los reptiles son ectotérmicos, es decir, de sangre fría. No pueden generar su propio calor, por lo que dependen del sol para mantener sus cuerpos calientes.

Un cocodrilo calentándose al sol

Por la noche, los reptiles se enfrían y tienen que descansar. Por la mañana, se tumban al sol hasta que se calientan y después se ponen en movimiento para buscar comida.

Caminar por tierra

Los animales que viven en tierra necesitan unas patas fuertes para levantar el cuerpo del suelo y poder moverse. Los reptiles típicos tienen patas que sobresalen de ambos costados y, al correr, sus cuerpos se balancean de un lado a otro, por lo que han de tener un esqueleto fuerte y flexible.

Piel escamosa

En tierra, los animales pierden agua constantemente a través de su piel. Si pierden demasiada agua, se deshidratan y mueren. Los reptiles tienen una piel escamosa e impermeable que evita que sus cuerpos se sequen.

En el dibujo, un *Hylonomus*, uno de los primeros reptiles conocidos

El Hylonomus *mide unos 20 cm de largo.*

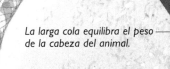

La larga cola equilibra el peso de la cabeza del animal.

Piel seca y escamosa

Las patas están en los costados.

Huevos con cáscara

Los reptiles ponen sus huevos en tierra firme, en lugar de hacerlo en el agua como los anfibios. Los huevos de reptil tienen una cubierta de piel impermeable que protege a las crías y evita que se deshidraten. Las crías crecen dentro del huevo y salen cuando son lo bastante grandes como para valerse por sí mismas.

El interior de un huevo de reptil

La yema es la comida de la cría.

Cría de reptil

Una bolsa de líquido protege a la cría de los golpes.

Cubierta

El Hylonomus *come insectos, como estas cucarachas.*

Cómo reconocer a los reptiles

Los científicos identifican a los reptiles primitivos por la forma del cráneo y la mandíbula. Su mordedura era mucho más poderosa que la de los anfibios, lo que les convirtió en mejores cazadores y les permitió comer plantas por primera vez.

Los primeros reptiles

Los primeros reptiles que se conocen, como el *Hylonomus*, eran del tamaño de un lagarto pequeño. Estaban bien preparados para la vida en tierra firme y no necesitaban estar cerca del agua, por lo que pudieron colonizar zonas más secas. Estos pequeños animales son los antepasados de todos los animales terrestres que existen hoy en día.

Dientes puntiagudos y afilados para abrir los cuerpos de los insectos

El reptil balancea su cuerpo de lado a lado cuando corre.

El Hylonomus *tiene unas costillas y pulmones muy fuertes, que bombean aire a sus pulmones.*

Dedos largos para agarrarse al suelo

REPTILES

Los primeros reptiles

Una vez evolucionaron, los reptiles se extendieron con gran rapidez. Hace unos 290 millones de años, al comenzar el periodo Pérmico, aparecieron varios tipos nuevos de reptiles. Algunos eran grandes carnívoros, comedores de carne, y cazaban otros reptiles. Otros eran herbívoros, comedores de plantas.

Herbívoros primitivos

El pareiasaurio, un reptil herbívoro primitivo

Un grupo de pequeños reptiles herbívoros tenían los dientes en forma de cincel, que debían de usar para extraer raíces del suelo. Otros, llamados pareiasaurios, tenían un tamaño parecido al de un hipopótamo y unos dientes fuertes y planos para triturar plantas. Tenían la cabeza y el lomo cubiertos de placas óseas muy duras.

Velas de piel

Durante el período Pérmico, los animales más grandes y dominantes eran un grupo de reptiles llamados sinápsidos. Los primeros sinápsidos tenían una gran vela de piel en el lomo, que probablemente usaban para controlar la temperatura corporal.

Las imágenes muestran sinápsidos con vela en el lomo.

La vela absorbe el calor de sol y calienta el cuerpo del reptil.

Espina ósea

Para refrescarse, estos reptiles se giraban y colocaban el borde de la vela en dirección al sol.

El Edaphosaurus es un herbívoro. Posee unos dientes planos en forma de cincel.

El Dimetrodon es un carnívoro. Tiene dos tipos de dientes, unos para morder y otros para desgarrar a su victima.

Cuando camina, el cuerpo del reptil se balancea de lado a lado.

Patas más largas

Hace unos 270 millones de años, los sinápsidos comenzaron a cambiar. En lugar de las patas cortas y laterales, desarrollaron patas más largas que crecían por debajo del cuerpo, lo que les permitía dar zancadas más largas y moverse más rápido. Estos reptiles nuevos, más evolucionados, se conocen como terápsidos.

La escena muestra un *Moschops*, un terápsido herbívoro, mientras es atacado por un grupo de carnívoros más pequeños, llamados *Lycaenops*.

El Moschops *tiene 5 m de longitud y un cuerpo enorme y rechoncho.*

Otra vez al agua

Aunque los reptiles evolucionaron para vivir en tierra firme, algunos volvieron a vivir en el agua. Uno de los primeros en hacerlo fue el *Mesosaurus.*

El *Mesosaurus*, un reptil marino primitivo

El *Mesosaurus* tenía unos dientes largos y afilados que usaba para atrapar organismos pequeños, parecidos a los langostinos. Puede que tuvieran una aleta en la cola y patas de pato para nadar mejor.

Puede que el Moschops *usara su sólido cráneo óseo para competir con otros de su especie.*

Tierra y mar

Durante el periodo Pérmico, los continentes terrestres se unieron y formaron un supercontinente gigante (ve a la página 15). Así los reptiles pudieron extenderse por todo el mundo. Al mismo tiempo muchos organismos marinos se extinguieron, porque los mares poco profundos que había alrededor de los continentes desaparecieron.

Las patas delanteras sobresalen por los costados.

Las patas traseras están debajo del cuerpo.

El Lycaenops *es un cazador muy veloz. También cuenta con enormes colmillos.*

Las patas largas le dan más velocidad.

Reptiles al poder

Al comienzo del periodo Triásico, hace unos 245 millones de años, los organismos más comunes en la Tierra eran unos animales llamados cinodontos y dicinodontos, dos tipos nuevos de reptiles pertenecientes al orden de los terápsidos (ve a la página 33).

Colmillos y picos

Los dicinodontos eran herbívoros. Tenían dos colmillos a los lados de la boca para extraer raíces y un pico duro que servía para cortar los tallos de las plantas. Trituraban la comida con unas placas afiladas y córneas que tenían en el paladar.

Reptiles con pelo

Los cinodontos tenían el cuerpo esbelto como el de un perro y las patas largas, además de unas poderosas mandíbulas con dientes diferenciados para cortar, clavar y masticar. Es muy posible que algunos cinodontos tuvieran pelo, lo cual les ayudaba a mantener el calor corporal. Puede que, a diferencia de otros reptiles, fueran capaces de generar su propio calor.

Casi al final del periodo Triásico, los cinodontos peludos evolucionaron y se convirtieron en animales nuevos, llamados mamíferos (ve a las páginas 52 y 53).

Aquí puedes ver distintos cinodontos y dicinodontos.

El Lystrosaurus, *un dicinodonto típico, arranca plantas con sus colmillos.*

Pico córneo y duro

El Lystrosaurus *tiene el cuerpo rechoncho y las patas cortas y fuertes.*

Bigotes

Cuerpo alargado y esbelto

Un cinodonto llamado Thrinaxodon *con sus cachorros*

Este dicinodonto, llamado Kannemeyeria, es del tamaño de un buey.

El Kannemeyeria usa su afilado pico para cortar tallos de plantas.

El Cynognathus, un cinodonto del tamaño de un lobo, es un cazador implacable.

Puede que algunos dicinodontos pusieran sus huevos en madrigueras subterráneas.

Reptiles dominantes

Otro grupo de reptiles que vivió en el Triásico fueron los arcosaurios o "reptiles dominantes". Los primeros arcosaurios tenían filas de placas óseas en el lomo. Cuando descansaban, las patas les sobresalían por los costados, pero también podían meterlas bajo el cuerpo para correr más rápido.

El *Lagosuchus* era un arcosaurio muy veloz que corría sobre dos patas.

El *Eoraptor*, uno de los primeros dinosaurios, era un cazador rapidísimo.

Más avanzado el periodo Triásico, algunos arcosaurios comenzaron a andar sobre sus patas traseras en lugar de ir a cuatro patas. Tenían el cuerpo corto y una cola larga para mantener el equilibrio.

El *Euparkeria*, un arcosaurio primitivo, corría sobre cuatro patas.

Los primeros dinosaurios

Hace unos 225 millones de años, los primeros dinosaurios evolucionaron a partir de arcosaurios pequeños que caminaban sobre dos patas, como el *Lagosuchus*. Los dinosaurios se diferenciaban del resto de los reptiles en que tenían unas patas más largas y rectas que se movían de atrás hacia delante, en lugar de sobresalir de los costados.

Cuando los dinosaurios evolucionaron, aparecieron muchos tipos. Las patas rectas soportaban mucho más peso y les permitían correr más rápido. Durante los siguientes 160 millones de años, fueron los animales más grandes, fuertes y rápidos del planeta.

El *Stagonolepis* era un arcosaurio parecido a un cocodrilo, con placas óseas en el lomo.

REPTILES

35

Monstruos carnívoros

Los primeros dinosaurios de la Tierra eran carnívoros y se denominan terópodos, que significa "pies bestiales". Los terópodos caminaban sobre las patas traseras y tenían unas garras enormes y afiladas.

Los primeros terópodos eran bastante pequeños, de menos de un metro y medio de largo en total. Tenían unas patas largas y potentes que les permitían correr a gran velocidad y garras para atrapar a sus presas.

A partir de estos dinosaurios evolucionó una enorme variedad de terópodos. Muchos de ellos siguieron siendo pequeños y ágiles, pero otros alcanzaron un tamaño monstruoso.

Picos y cerebros

Un grupo de terópodos, llamados "dinosaurios avestruz", tenían pico en lugar de dientes. Su cerebro era más grande que el de la mayoría de reptiles y probablemente eran bastante inteligentes.

El *Gallimimus*, un terópodo parecido a un avestruz

Los dinosaurios avestruz eran muy veloces y puede que alcanzaran más de 55 km por hora.

Pequeños y veloces

Uno de los dinosaurios más pequeños era el *Composognathus*, del mismo tamaño de un gato. Cazaba lagartos y otros animales diminutos y al correr mantenía el equilibrio con su larga cola.

Un *Composognathus* persiguiendo a un lagarto

Rápidos y feroces

El *Coelophysis* era un cazador feroz y muy rápido que tenía el cuerpo estilizado y los huesos huecos, lo que le hacía ser muy ligero y ágil. Despedazaba a su presa con sus afilados dientes en forma de sierra y es posible que incluso devorara a sus propias crías.

Un *Coelophysis*

Garras para atrapar a sus presas

Oviraptor

Garras asesinas

El *Deinonychus* sólo medía unos dos metros de largo, pero era un cazador temible. Se lanzaba sobre su presa, la atrapaba con sus garras y le clavaba los enormes pinchos de sus patas traseras. Seguramente, el *Deinonychus* cazaba en grupo para poder abatir presas más grandes.

Ladrones de huevos

Algunos terópodos comían huevos que robaban de los nidos de otros dinosaurios. El *Oviraptor* tenía un robusto pico afilado que usaba para romper las duras cáscaras de los huevos.

El Tyrannosaurus *es más alto que una jirafa actual.*

La enorme cabeza tiene 1,3 metros de largo.

Deinonychus

Dientes curvados, afiladísimos y con forma de sierra, para desgarrar la carne

Cazadores enormes

Los terópodos más grandes pertenecieron a un grupo llamado carnosaurios. Tenían la cabeza enorme, el cuello fortísimo, las patas traseras muy poderosas y las delanteras muy cortas. Uno de los carnosaurios más grandes era el *Tyrannosaurus rex*, que medía 14 metros de largo y que, además de cazar, se alimentaba de animales muertos.

Puede que el Tyrannosaurus *usara sus pequeñas patas delanteras para levantarse después de descansar.*

El Tyrannosaurus *pesa demasiado para correr distancias largas, así que acecha a su presa y después se lanza hacia ella a toda velocidad.*

Un Tyrannosaurus rex *abalanzándose sobre su presa*

Los gigantes mansos

Los animales terrestres más grandes que existieron jamás fueron un grupo de dinosaurios llamados saurópodos. Eran herbívoros y tenían un corpachón enorme, la cabeza pequeña, y el cuello y la cola extraordinariamente largos.

Los primeros saurópodos

Los primeros saurópodos eran más pequeños y sólo medían entre 4 y 6 metros de largo. A diferencia de los dinosaurios carnívoros, caminaban sobre todo a cuatro patas, aunque algunos podían alzarse sobre sus patas traseras para comer las hojas de los árboles.

Un saurópodo primitivo

Enormes y pesados

Los saurópodos realmente gigantescos aparecieron hace unos 160 millones de años, durante el periodo Jurásico. Se piensa que un animal llamado *Seismosaurus* era el más grande de todos, con una longitud de entre 40 y 50 metros y un peso equivalente al de 20 elefantes africanos.

Esta escena muestra algunos saurópodos gigantes del periodo Jurásico.

Los saurópodos caminan normalmente a cuatro patas.

El Diplodocus tiene un lomo fuerte y arqueado para soportar el peso de su enorme estómago.

El peso de un cuello tan largo se equilibra con el de la cola.

Cabeza diminuta

Cola larga que usa como un látigo para defenderse

Patas fuertes y rectas

El Diplodocus es más grande que dos autobuses colocados en fila.

Como todos los saurópodos, el Seismosaurus pasa la mayor parte del tiempo alimentándose.

Levantadores de peso

Los saurópodos debían tener los huesos de las patas fortísimos para poder soportar tanto peso. Tenían una columna vertebral muy robusta, pero a veces estaba recortada por los lados en lugar de ser maciza, lo cual les evitaba cargar un peso aún mayor.

Difícil de tragar

Los saurópodos tenían unos dientes separados y ganchudos que sólo crecían en la parte frontal de la boca. Eran ideales para arrancar hojas de los árboles, pero no servían para masticar, así que tenían que tragarse la comida entera.

Piedras en el estómago

Las plantas y las hojas son duras y difíciles de digerir, sobre todo si no se mastican adecuadamente. Para ayudar a la digestión, los saurópodos se tragaban piedras que, al moverse por el enorme estómago del animal, convertían las plantas en papilla.

Al alzarse sobre sus patas traseras, el Apatosaurus puede alcanzar las hojas más altas.

Algunos saurópodos tienen los orificios nasales sobre la cabeza.

Este dinosaurio se apoya sobre su cola para alzarse.

Un grupo de saurópodos puede arrasar completamente un bosque.

El Braquiosaurus tiene las patas delanteras más largas y no tiene que apoyarse sobre las traseras para alcanzar las copas de los árboles.

Guardaespaldas de cuidado

Los saurópodos vivían en grupos grandes o manadas. Cuando la manada se ponía en marcha, los adultos de mayor tamaño caminaban rodeando al grupo con las crías en el centro, para protegerlas de los depredadores.

Picos y crestas

Ciertos dinosaurios herbívoros, llamados ornitópodos, eran rápidos y ágiles. Sus patas eran parecidas a las de los pájaros y tenían un pico de hueso para arrancar hojas y brotes. Los ornitópodos podían correr sobre sus patas traseras para escapar de los depredadores.

Morder y masticar

Uno de los primeros ornitópodos, llamado *Heterodontosaurus*, tenía unos colmillos enormes detrás del pico, que seguramente utilizaría para defenderse de los depredadores o de los machos rivales. El *Heterodontosaurus* fue uno de los primeros dinosaurios que tuvo mejillas que evitaban que la comida se le saliera de la boca al masticar.

Heterodontosaurus

Pequeño y rápido

Un ornitópodo pequeño, llamado *Hypsilophodon*, era un fenomenal corredor y alcanzaba los 45 km por hora. Tenía las patas muy largas y una cola rígida que le servía para mantener el equilibrio al correr.

Hypsilophodon

Garras y pezuñas

El *Iguanodon* era un ornitópodo grande y pesado que medía hasta 10 metros de largo. En cada pulgar tenía una garra larga y puntiaguda que usaba para defenderse. En los otros dedos tenía pezuñas, así que, seguramente, caminaba también a cuatro patas.

Iguanodon

Dinosaurios de pico de pato

Hace unos 80 millones de años, los dinosaurios herbívoros más comunes de la Tierra eran un grupo de ornitópodos denominados hadrosaurios, o dinosaurios de pico de pato. Tenían un pico ancho y mandíbulas poderosas con miles de dientes pequeños y puntiagudos para triturar plantas duras.

Pico córneo ancho para cortar plantas

Los hadrosaurios adultos se alimentan de hojas de pino y plantas con flores como las magnolias.

Crestas increíbles

Muchos hadrosaurios tenían extrañas crestas en la cabeza. Algunas de estas crestas tenían en su interior tubos huecos, que quizá sirvieran para emitir sonidos de alarma o para atraer a una compañera.

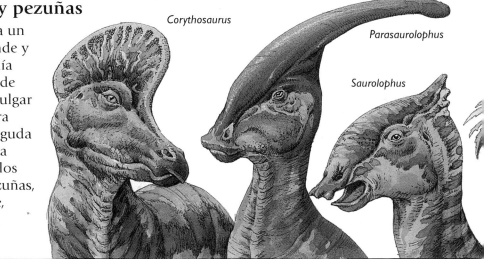

Corythosaurus

Parasaurolophus

Saurolophus

Mamás y crías

Los hadrosaurios vivían juntos en manadas enormes.
Cada año, por la misma época, la manada volvía al
lugar en el que las hembras ponían los huevos. A
diferencia de la mayoría de reptiles, los hadrosaurios
guardaban celosamente sus huevos y cuidaban de sus
crías hasta que podían valerse por sí mismas.

El dibujo muestra un grupo de
hadrosaurios con sus crías.

*Este hadrosaurio
está construyendo
un nido para poner
los huevos.*

*El nido se hace
sobre un montículo
de arena.*

*El centro del nido
se vacía y se llena
de hojas.*

*Este hadrosaurio está
protegiendo los huevos.*

*Cada nido mide unos
3 metros de diámetro y
contiene hasta 20 huevos.*

*Este hadrosaurio ha
traído unas bayas
para alimentar
a sus crías.*

*Esta cría acaba de
romper el huevo. Sólo
mide 35 cm de largo.*

*Las crías se quedan
en el nido mientras
su madre va a
buscarles comida.*

REPTILES

41

Cuernos, mazas y púas

Algunos dinosaurios eran demasiado grandes y pesados para escapar de los feroces dinosaurios carnívoros que los cazaban. Por esa razón desarrollaron cuernos, mazas y púas para protegerse de los depredadores.

Púas y mazas

Los anquilosaurios estaban cubiertos de la cabeza a la cola por placas óseas, sobre las que crecían unas púas muy peligrosas. Algunos tenían una protuberancia ósea en el extremo de la cola que podían mover como si fuera una maza.

Cabezas de hueso

Los paquicefalosaurios, o dinosaurios de cabeza de hueso, tenían una gruesa y sólida cúpula ósea sobre la cabeza, que usaban como ariete para embestir a sus enemigos.

Dos paquicefalosaurios en combate

Concursos de cabezazos

Además de luchar contra los depredadores, los machos de paquicefalosaurios luchaban entre sí para ver quién era más fuerte. Seguramente se embestían hasta que el más débil se daba por vencido.

Los gruesos cráneos de estos dinosaurios están rodeados por una hilera de protuberancias óseas.

El *Euoplocephalus*, un anquilosaurio bien protegido

El Euoplocephalus *puede agitar su cola con una fuerza enorme.*

Este dinosaurio se protege con placas, protuberancias y púas.

Placas puntiagudas

Los estegosaurios tenían dos filas de placas situadas sobre el lomo, que servían para protegerlos de los ataques. También las usaban, probablemente, para absorber el calor del sol, como las velas de piel de los sinápsidos (ve a la página 32).

Placas óseas cubiertas de piel

El *Stegosaurus*, el estegosaurio más grande que se conoce.

REPTILES

42

Cuernos y collares

Uno de los últimos grupos de dinosaurios que apareció fue el de los ceratópidos. Tenían unos cuernos curvados sobre la cabeza y un enorme collar de hueso alrededor del cuello y los hombros. Probablemente, los ceratópidos macho se enfrentaban entre ellos además de a los depredadores.

El Styracosaurus tiene un collar rodeado de cuernos.

Este dibujo muestra dos ceratópidos.

El Triceratops tiene tres cuernos en la cabeza.

Pico de loro, para cortar tallos de plantas

Piel dura y escamosa

Un círculo temible

Los expertos piensan que los ceratópidos adultos defendían a sus crías de los ataques formando un círculo alrededor de ellas. Probablemente, los adultos agitaban su enorme cabezota para espantar a los depredadores.

Ceratópidos defendiendo a sus crías

Los reptiles marinos

Mientras los dinosaurios vivían en tierra firme, otros reptiles vivían en el mar. Se calcula que los reptiles comenzaron a vivir en los océanos hace 290 millones de años (ve a la página 33) y, poco a poco, sus cuerpos fueron adaptándose a la vida submarina.

Los primeros reptiles marinos

Al comenzar el periodo Triásico, hace unos 245 millones de años, había dos tipos de reptiles viviendo en el mar. Los placodontos eran parecidos a las tortugas y, aunque algunos eran buenos nadadores, otros pasaban la mayor parte de su vida en tierra.

Un placodonto llamado *Henodus*

Un notosaurio llamado *Nothosaurus*

Los notosaurios tenían el cuerpo largo y esbelto para deslizarse por el agua y puede que tuvieran pies de pato. Usaban sus dientes grandes y puntiagudos para atrapar peces.

Natación con aletas

Al principio del periodo Jurásico, hace unos 200 millones de años, apareció un grupo de reptiles de cuello largo llamados plesiosaurios que, en lugar de patas, tenían unas aletas enormes que batían como si fueran alas al moverse bajo el agua.

Monstruos marinos

Algunos plesiosaurios se convirtieron en cazadores implacables. Los del grupo de los pliosaurios tenían unas mandíbulas enormes y repletas de afilados dientes que clavaban en sus presas. Los pliosaurios cazaban en las profundidades del océano, buscando tiburones, calamares gigantes y otros reptiles, y algunos superaban los 12 metros de longitud.

El dibujo muestra algunos reptiles que vivieron en los mares del Jurásico.

Este animal, parecido a un calamar, se llama belemnites.

El Peloneustes es un pliosaurio muy veloz.

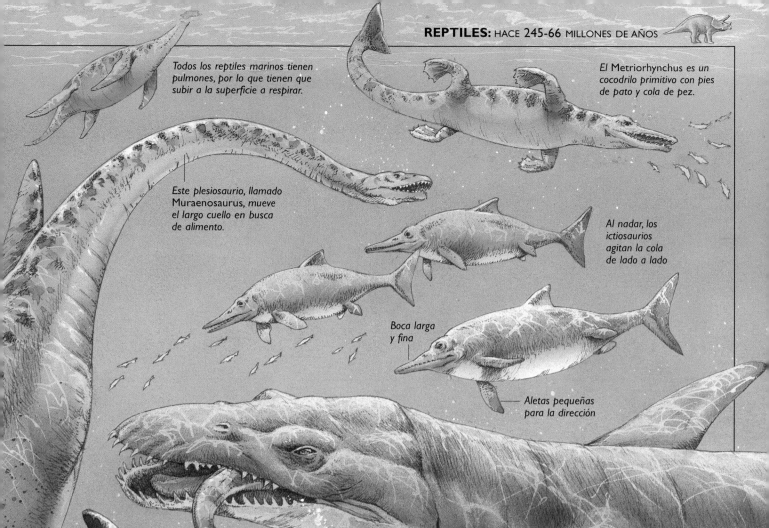

Todos los reptiles marinos tienen pulmones, por lo que tienen que subir a la superficie a respirar.

El Metriorhynchus es un cocodrilo primitivo con pies de pato y cola de pez.

Este plesiosaurio, llamado Muraenosaurus, mueve el largo cuello en busca de alimento.

Al nadar, los ictiosaurios agitan la cola de lado a lado

Boca larga y fina

Aletas pequeñas para la dirección

El Liopleurodon es un feroz pliosaurio con mandíbulas enormes.

Este ictiosaurio, llamado Ophthalmosaurus, tiene los ojos muy grandes para ver mejor bajo el agua.

Bebés bajo el agua

La mayoría de los reptiles marinos tenían que volver a tierra firme para poner huevos. Sin embargo, los ictiosaurios dejaron de poner huevos y comenzaron a tener a sus crías bajo el agua, por lo que nunca tenían que salir del mar.

Extinción

Hace unos 66 millones de años, casi todos los reptiles marinos se extinguieron (ve a las páginas 50 y 51). Los cocodrilos y las tortugas sobrevivieron, pero los cocodrilos modernos viven en agua dulce en vez de en el mar. Las tortugas son los únicos reptiles que viven actualmente en el océano.

Nadadores de primera

Los mejores nadadores eran un grupo de reptiles llamados ictiosaurios. Tenían forma de delfín, con un cuerpo hidrodinámico y aletas enormes que les permitían deslizarse a gran velocidad por el agua.

Los reptiles voladores

Hace unos 225 millones de años, durante el periodo Triásico, algunos reptiles desarrollaron alas: los pterosaurios. Probablemente evolucionaron a partir de los reptiles que trepaban a los árboles, a los que poco a poco les crecieron alas para planear de rama en rama.

El *Sharovipteryx*, un reptil planeador primitivo, podría ser un antepasado de los pterosaurios.

Alerón de piel

Hay otra teoría que dice que los pterosaurios descienden de unos reptiles llamados arcosaurios (ve a la página 35). Estos dinosaurios corrían sobre dos patas, y puede que algunos desarrollaran alas para poder cazar insectos voladores.

Insectívoros de cola corta

Casi al final del periodo Jurásico, apareció un nuevo tipo de pterosaurios de cola corta. Podían maniobrar en el aire mucho mejor que sus antepasados de cola larga y probablemente se alimentaban de insectos voladores.

El *Pterodactylus* dormía colgado boca abajo.

El *Pterodactylus* cazaba insectos.

Como todos los pterosaurios, el Pterodactylus *tenía una vista excelente para localizar a sus presas.*

Uno de los dedos, muy largo, formaba el ala.

Alas de piel

Los primeros vuelos

Antes del comienzo del periodo Jurásico, hace unos 200 millones de años, ya habían aparecido varios tipos de pterosaurios. Tenían unas alas grandes de piel, duras como el cuero, el cuello corto y una cola larga de hueso. Algunos sobrevolaban el océano para atrapar peces con su pico alargado.

El *Rhamphorhyncus* era un tipo de pterosaurio primitivo que se alimentaba de peces.

Cola ósea

El *Pteranodon* usaba la cresta que tenían en la cabeza como timón y para equilibrarse en vuelo.

El *Pterodaustro* atrapaba diminutos organismos marinos entre los dientes.

Bolsa

Cazadores curiosos

Algunos pterosaurios desarrollaron mandíbulas muy interesantes. El *Pterodaustro* tenía un pico larguísimo y curvado cuya parte inferior estaba cubierta por dientes que eran como pelos. Seguramente sobrevolaba los mares, recogiendo agua y atrapando organismos diminutos entre sus dientes. El *Pteranodon* no tenía dientes, sino que atrapaba los peces y los almacenaba en una bolsa como la de los pelícanos, antes de tragárselos enteros.

El *Quetzalcoatlus* tenía una envergadura de más de 15 metros.

Abrigo de piel

Normalmente, los reptiles dependen del sol para mantener el calor corporal, pero los pterosaurios podían producir su propio calor, como los pájaros. Además, estaban cubiertos de pelo para no perder demasiado calor a través de la piel.

Pelo para mantener el calor

Gigantes del aire

Puede que, en tierra, el *Quetzalcoatlus* caminara a cuatro patas.

Hace unos 75 millones de años, durante el periodo Cretácico, aparecieron algunos pterosaurios gigantes. El mayor de todos, llamado *Quetzalcoatlus*, era del tamaño de un avión pequeño. Como todos los pterosaurios, estos enormes animales tenían un esqueleto muy ligero, con huesos huecos, para no pesar demasiado.

El primer pájaro

Durante muchos años, los expertos no estuvieron seguros de la forma en que evolucionaron los pájaros, pero ahora piensan que descienden de los pequeños dinosaurios carnívoros que corrían por la Tierra sobre sus patas traseras.

Dinosaurios y pájaros

Los dinosaurios y los pájaros guardan un parecido sorprendente. Los dinosaurios ponían huevos con cáscara dura, como los pájaros, y algunos construían nidos y cuidaban a sus crías hasta que podían valerse por sí mismas. Muchos dinosaurios tenían un esqueleto parecido al de los pájaros, e incluso pico.

Dinosaurios con plumas

En 1996, unos científicos descubrieron un fósil de un dinosaurio llamado *Sinosauropteryx*, que tenía el cuerpo cubierto de una capa de plumón.

Sinosauropteryx

Se han hallado otros fósiles de dinosaurios con plumas cortas en el cuerpo, la cola y las patas delanteras y traseras. Puede que los dinosaurios desarrollaran plumas para calentarse o bien para atraer a su pareja.

El *Caudipteryx*, un dinosaurio con plumas

Aleteos y saltos

Los expertos no están seguros de cómo comenzaron a volar los dinosaurios con plumas. Quizá empezaran a aletear con las patas delanteras para cazar insectos, y poco a poco aprendieron a volar. Otra teoría dice que algunos dinosaurios aprendieron a trepar a los árboles y comenzaron a volar saltando entre rama y rama.

Pájaros primitivos

El primer pájaro conocido apareció hace unos 150 millones de años, durante el periodo Jurásico, y se llama *Archaeopteryx*, que significa "pluma antigua". Pese a tener plumas y alas, como los pájaros actuales, el *Archaeopteryx* tenía dientes y una cola ósea larga, como la de un dinosaurio. También tenía garras en las alas.

Un dibujo de un *Archaeopteryx* en el bosque

Una cola larga ayuda a mantener al pájaro equilibrado en el aire.

A volar

Lo más probable es que el *Archaeopteryx* pesara demasiado para alzar el vuelo desde el suelo, así que seguramente trepaba a los árboles y se lanzaba a volar para cazar insectos. Una vez en el aire, podía batir las alas con gran potencia, aunque seguramente no podía cambiar de dirección muy bruscamente.

Este Archaeopteryx va a lanzarse desde una rama.

Patas fuertes para correr y saltar

El Archaeopteryx caza insectos lentos como las libélulas.

Plumas especiales para que el pájaro se deslice mejor por el aire

Cabeza escamosa

El Archaeopteryx tiene dientes puntiagudos para atrapar insectos.

Un rompecabezas

La existencia del *Archaeopteryx* se conoce desde 1860, cuando se encontró el primer fósil de esta especie. Recientemente, se ha descubierto que algunos dinosaurios tenían plumas, y esto ha ayudado a demostrar por fin la relación entre los dinosaurios y los pájaros.

Garras largas para trepar a los árboles

Fósil de Archaeopteryx

La muerte de los dinosaurios

Hace alrededor de 66 millones de años, al término del periodo Cretácico, multitud de organismos se extinguieron por completo. Entre ellos estaban los dinosaurios, excepto algunos que evolucionaron para convertirse en pájaros. Los reptiles voladores y la mayoría de los reptiles marinos también se extinguieron. Nadie está seguro de por qué ocurrió, aunque los expertos han dado distintas explicaciones.

¿Una roca mortífera?

Según una de las teorías, casi al final del periodo Cretácico cayó sobre la Tierra una enorme roca, o meteorito, que medía más de 10 km de diámetro. El meteorito, al caer, se rompió en partículas diminutas que rodearon el planeta formando una nube de polvo.

Las nubes de polvo no dejaron pasar la luz solar durante meses, haciendo que la Tierra se enfriara, lo que acabó con todo animal que necesitara su calor para vivir. Al no haber luz, se extinguieron muchas plantas, lo cual privó de alimento a los animales. El meteorito también pudo haber causado graves terremotos y olas gigantes.

Este dibujo muestra lo que pudo haber ocurrido cuando el meteorito alcanzó la Tierra.

Por todo el planeta se extienden nubes de polvo enormes.

El polvo hace casi imposible la respiración.

Los animales, asustados, intentan huir.

El suelo se mueve y se abren grietas muy profundas.

¿Una lluvia de lava?

Otra posible explicación es que multitud de volcanes de todo el mundo entraran en erupción al mismo tiempo, lo cual habría expulsado una grandísima cantidad de lava (roca líquida) sobre la superficie de la Tierra, así como nubes de polvo y gases tóxicos en el aire. Estos gases también pudieron hacer que cayera una lluvia ácida muy peligrosa.

Lava hirviente saliendo de un volcán

¿Un cambio climático?

Hace unos 66 millones de años, el clima de todo el mundo se enfrió y se hizo más variable. Los dinosaurios dependían del calor del sol para sobrevivir, y puede que no se adaptaran al cambio climático.

Varias causas

Seguramente, la extinción de tantos animales no se debe a un único motivo. El meteorito debió de eliminar muchos animales, pero otros pudieron verse afectados por el cambio climático.

Los supervivientes

Misteriosamente, algunos organismos no se extinguieron. Ciertos reptiles, como los lagartos y las serpientes, sobrevivieron, así como la mayoría de los pájaros, insectos y anfibios. Otros supervivientes fueron un grupo de animales llamados mamíferos (ve a la página 52).

Libélula (insecto)

Los trozos de roca que caen matan o hieren a muchos animales.

Algunos animales supervivientes

Gaviota (pájaro)

Lagarto (reptil)

Rata (mamífero)

Nadie sabe con certeza por qué sobrevivieron estos animales. Los mamíferos generan su propio calor y podrían haber soportado mejor el clima frío.
Los pájaros también pueden generar su propio calor, y los pequeños reptiles, como los lagartos, pudieron refugiarse bajo tierra para mantenerse calientes.

Rana (anfibio)

Los primeros mamíferos

Hace unos 200 millones de años comenzó a aparecer un nuevo grupo de animales: los mamíferos. Los primeros mamíferos eran diminutos e insectívoros y se parecían a los ratones o a las musarañas.

El *Megazostrodon*, uno de los primeros mamíferos

¿Qué es un mamífero?

Los mamíferos tienen la piel peluda y alimentan a sus crías con leche. Sus cuerpos son endotérmicos (de sangre caliente). Eso significa que pueden generar su propio calor y mantenerlo aunque el clima se haga más frío. Los mamíferos tienen distintos tipos de dientes, que usan para cortar y masticar alimentos diversos.

Antepasados reptilianos

Unos 90 millones de años, antes de que los mamíferos aparecieran, evolucionó un tipo de reptiles con cabeza grande, patas cortas y cuerpo rechoncho llamados sinápsidos (ve a las páginas 32 y 33).

Al comienzo del periodo Triásico, algunos sinápsidos ya tenían pelo y distintos tipos de dientes. Puede que algunos generaran su propio calor, así que los expertos creen que los primeros mamíferos evolucionaron de los sinápsidos.

El *Thrinaxodon*, un sinápsido peludo del tamaño de un perro pequeño

La convivencia con los dinosaurios

Los primeros mamíferos aparecieron más o menos al mismo tiempo que los dinosaurios, pero no cambiaron ni se desarrollaron tan rápido. Durante más de 100 millones de años, hasta que los dinosaurios se extinguieron, los mamíferos siguieron siendo muy pequeños. Se movían silenciosamente y a veces sólo salían de noche, mientras los demás animales dormían.

Este dibujo muestra algunos mamíferos primitivos en el bosque al anochecer.

Los mamíferos intentan apartarse del camino de los dinosaurios.

Algunos mamíferos herbívoros parecen ratones de campo.

Los mamíferos tienen los ojos grandes para ver de noche.

Mamífero parecido a una musaraña

Cuando el sol se oculta, los dinosaurios se enfrían y se vuelven lentos.

El desarrollado olfato de los mamíferos les ayuda a encontrar comida en la oscuridad.

Los mamíferos tienen un buen oído para saber cuándo viene un dinosaurio.

Algunos mamíferos pueden trepar a los árboles.

Como generan calor, los mamíferos pueden estar activos toda la noche.

Mamíferos ovíparos

Los primeros mamíferos probablemente ponían huevos: eran ovíparos, como los reptiles. Sin embargo, a diferencia de estos, los mamíferos alimentaban a sus crías con leche. Los mamíferos ovíparos se llaman monotremas. Hay dos tipos de monotremas que sobreviven en Australia y Papúa Nueva Guinea: los equidnas y los ornitorrincos, que tienen pico de pato.

Un ornitorrinco

53

Los marsupiales

Lo más seguro es que los primeros mamíferos pusieran huevos (ve a la página 53) pero, hace unos 100 millones de años, algunos comenzaron a parir crías diminutas. Las crías se metían en una bolsa que la madre tenía en la barriga y seguían creciendo allí.

Los mamíferos con bolsa se llaman marsupiales. Hoy en día se encuentran sobre todo en Australia, aunque hay algunas especies en América del Norte y del Sur.

Los bebés marsupiales

Los marsupiales recién nacidos son del tamaño de una abeja. La cría se queda en la bolsa de la madre, donde toma leche de sus pezones hasta que está totalmente desarrollada y lista para explorar el mundo.

Diagrama de un canguro, un marsupial actual

Los euterios

Varios millones de años después de que aparecieran los marsupiales, evolucionó un tipo distinto de mamíferos, llamados euterios. Las madres guardan a sus crías dentro de su cuerpo hasta que son lo bastante grandes para sobrevivir. La mayoría de los mamíferos actuales son euterios.

Los bebés euterios

Antes de nacer, los bebés euterios se alimentan de una parte del cuerpo de la madre llamada placenta. Cuando nacen, la madre cuida de ellos y los alimenta con leche de sus pezones.

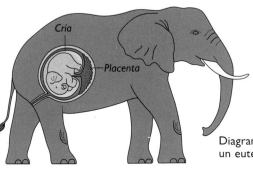

Diagrama de un elefante, un euterio actual

Los mamíferos se extienden

En la época de los primeros mamíferos, la superficie de la Tierra era muy distinta a como es hoy. Los continentes estaban unidos entre sí, y los marsupiales y euterios se extendieron por todo el mundo.

Sin embargo, al tiempo que los mamíferos se iban extendiendo, los continentes se separaban lentamente, lo cual supuso que algunos mamíferos se quedasen aislados en distintas partes del mundo.

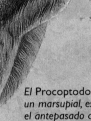

El Procoptodon, un marsupial, es el antepasado del canguro actual.

Los marsupiales en Australia

Hace unos 85.000 años, Australia se convirtió
en una isla. En aquel momento, los euterios
no habían llegado hasta allí, y se desarrolló
una gran variedad de marsupiales.

Este dibujo muestra algunos de los marsupiales
que vivieron en Australia hace 10.000 años.

El Diprotodon *arranca
arbustos con sus zarpas.*

El Thylacoleo *es
un feroz cazador.*

El Palorchestes *utiliza
su pequeña trompa
para arrancar hojas.*

El Procoptodon
*mide alrededor
de 2,5 m de alto.*

*Este joven
Procoptodon se
mete en la bolsa
de su madre
para protegerse.*

*Patas potentes
para saltar*

La victoria de los euterios

En muchas partes del mundo, los marsupiales
se extinguieron totalmente. Esto ocurrió porque
los euterios sobreviven más fácilmente que los
marsupiales. Las diminutas crías están más seguras
dentro del cuerpo de la madre que en la bolsa, y
los euterios les enseñan mejor a sobrevivir.

Los marsupiales sobreviven

En algunas partes del mundo, los marsupiales han
prosperado. Se han adaptado especialmente bien
en Australia, porque dejan de tener crías cuando
el tiempo se hace demasiado caluroso y seco
para que sobrevivan. Cuando refresca un poco,
vuelven a tenerlas.

El triunfo de los mamíferos

Cuando los dinosaurios se extinguieron, hace unos 66 millones de años, la vida se hizo menos peligrosa para los mamíferos. Comenzaron a alimentarse de distintas maneras y a explorar nuevos lugares donde vivir.

Hace unos 30 millones de años evolucionó una enorme variedad de mamíferos. Se extendieron por todo el mundo y, muy pronto, se convirtieron en los más rápidos, los más fuertes y los más inteligentes de la Tierra.

Los herbívoros

Muchos mamíferos primitivos se alimentaban de plantas y hojas tiernas. La mayoría de estos herbívoros eran lentos y torpes, y algunos se hicieron mucho más grandes que cualquiera de los actuales mamíferos terrestres.

El *Uintatherium*, un herbívoro del tamaño de un rinoceronte

Los roedores

Los mamíferos con dientes muy fuertes se alimentaban mordisqueando raíces, arbustos y troncos de árboles. Estos animales se llaman roedores. Algunos se parecían a las ratas y los conejos.

El *Palaeolagus*, un conejo primitivo

El *Birbalomys*, un antepasado del conejillo de Indias

El *Stylinodon*, un roedor del tamaño de un tejón

El *Didolodus*, un herbívoro del tamaño de un cerdo

Los trepadores

Algunos mamíferos, llamados primates, aprendieron a trepar a los árboles. Tras millones de años de evolución, se convirtieron en simios y después en seres humanos. Muchos de los primeros primates parecían ardillas, monos o lémures.

El *Smilodectes*, un primate parecido a un lémur

El *Branisella*, un mono primitivo

En el aire

A algunos mamíferos trepadores les salieron membranas de piel entre las patas para poder planear entre los árboles. Más o menos al mismo tiempo, un grupo de insectívoros se convirtió poco a poco en murciélagos, con alas de piel muy fina y unos "dedos" muy largos.

El *Icaronycteris*, un murciélago primitivo

El *Planetetherium*, un mamífero planeador

En el océano

Algunos mamíferos evolucionaron de tal modo que lograron vivir en el océano. Desarrollaron un cuerpo liso e hidrodinámico, perfecto para la vida en el agua. Poco a poco, los primeros mamíferos marinos se convirtieron en ballenas, delfines y focas.

El *Pakicetus*, la primera ballena conocida

Los carnívoros

Algunos mamíferos comían carne en lugar de plantas o insectos. Algunos de estos cazadores primitivos tenían aspecto de comadreja o de nutria, y otros de león, lobo y oso.

El *Patriofelis*, un gran felino primitivo

El *Cladosictis*, un carnívoro con aspecto de nutria

El *Basilosaurus*, una ballena de cuerpo alargado

Cazadores y carroñeros

Hace unos 60 millones de años, algunos mamíferos comenzaron a cazar y devorar otros animales. Al principio, los mamíferos carnívoros no eran ni muy rápidos ni muy listos, pero evolucionaron hasta convertirse en cazadores expertos.

Los primeros carnívoros

Los primeros mamíferos carnívoros se llamaban creodontos. Tenían el cerebro pequeño, las patas cortas y los pies planos, pero no tenían problemas para comer, porque los mamíferos herbívoros que cazaban eran tan torpes y lentos como ellos.

Como la mayoría de los creodontos, el Sarkastodon no es muy rápido.

El dibujo muestra al *Sarkastodon*, un creodonto, persiguiendo a un herbívoro llamado *Hyrachyus*.

Los dientes del Sarkastodon no son muy buenos para desgarrar carne.

Los carroñeros

Algunos de los primeros carnívoros, en lugar de cazar, comían animales muertos que encontraban. Los animales que hacen esto se llaman carroñeros, y desarrollaron dientes especiales para triturar huesos y así poder comerse el tuétano, la parte blanda que hay dentro.

Varios *Hyaenodon* devorando el cadáver de un animal

Mejores cazadores

Poco a poco, algunos herbívoros se convirtieron en buenos corredores y comenzaron a vivir en manadas (ve a las páginas 60 y 61), lo cual significó que los animales que los cazaban también tuvieron que cambiar.

El *Hesperocyon*, uno de los primeros perros

El *Cerdocyon*, un antepasado del zorro

Así, evolucionó un grupo nuevo de mamíferos carnívoros que eran rápidos, poderosos y astutos. Estos mamíferos tenían una vista y un oído excelentes, y un olfato muy desarrollado. Los perros y los gatos de hoy son descendientes de aquellos carnívoros primitivos.

El *Homotherium*, un felino primitivo

El *Dinofelis*, un felino parecido a una pante

La caza en equipo

Hace unos seis millones de años, los primeros perros y lobos comenzaron a cazar en manadas, para así poder matar animales mucho más grandes que ellos. Algunos de los grandes felinos, como los leones, también cazaban en equipo.

Hoy en día, los lobos siguen cazando en manadas. Estos lobos aúllan para que los demás miembros de la manada sepan que están listos para empezar la caza.

Persecución y acecho

Los perros perseguían a sus presas hasta que estaban cansadas, pero los felinos cazaban de otra manera. Primero, acechaban a su presa en silencio y luego se lanzaban sobre ella rápida y repentinamente.

Dientes y garras

Los carnívoros desarrollaron garras afiladas para atrapar a sus presas, y dientes largos y puntiagudos para desgarrar la carne. Ciertos grandes felinos, como los tigres de dientes de sable, tenían unos colmillos tan largos como un cuchillo.

En este dibujo, un tigre de dientes de sable llamado *Smilodon* acecha a su presa.

Cuello y hombros robustos

El Smilodon *usa sus colmillos curvados para morder a su presa y desgarrar su carne.*

Otro felino se arrastra escondido entre la hierba.

Las almohadillas de las garras del Smilodon le permiten avanzar sin hacer ruido.

Zarpas afiladas para sujetar las presas

MAMÍFEROS

Los problemas de los herbívoros

Los primeros mamíferos herbívoros eran animales muy lentos y tenían el cerebro pequeño. Muchos eran del tamaño de los cerdos y los tejones actuales, pero unos pocos alcanzaban una altura y un peso increíbles.

El *Indricotherium* es el mamífero terrestre más grande de la historia.

Piel dura y curtida

El Indricotherium *se alimenta de las hojas de las copas de los árboles.*

El Indricotherium *mide ocho metros de alto y pesa lo mismo que cuatro elefantes.*

El crecimiento de las praderas

Hace unos 40 millones de años, el clima terrestre comenzó a enfriarse. Gradualmente, la mayor parte de los bosques tropicales se transformaron en praderas. Los herbívoros se vieron obligados a comer hierba, que es más difícil de masticar y de digerir. Muchos no pudieron adaptarse y se extinguieron.

Menú de hierba

Poco a poco evolucionaron nuevos tipos de herbívoros que se adaptaron al nuevo régimen. Los animales que comen hierba se llaman rumiantes y tienen unos dientes planos con protuberancias que son ideales para triturar. Los rumiantes sacan el alimento de su estómago cuando está parcialmente digerido, para volverlo a masticar. Esa acción se denomina rumiar, y por eso se llaman rumiantes.

Cuernos y colmillos

Los primeros herbívoros caminaban por el bosque comiendo hojas y plantas. Al ser la presa de los carnívoros, algunos desarrollaron extraños cuernos y colmillos para defenderse de los depredadores.

El *Brontotherium* tenían dos cuernos enormes sobre el hocico.

La vida en la pradera

Las grandes praderas eran una fuente abundante de alimento, y el número de rumiantes se disparó. Hace unos 25 millones de años aparecieron los primeros ciervos y las primeras reses, ovejas y antílopes. Vivían en grandes grupos llamados manadas y corrían libremente por las praderas.

El dibujo muestra una manada de *Illingoceros* (antílopes primitivos) perseguida por lobos.

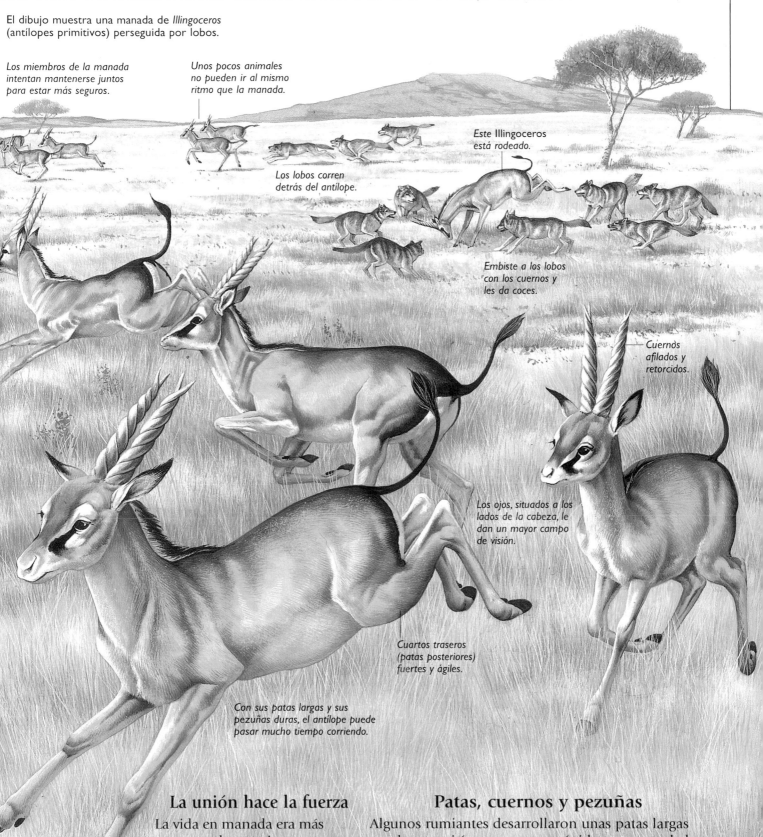

Los miembros de la manada intentan mantenerse juntos para estar más seguros.

Unos pocos animales no pueden ir al mismo ritmo que la manada.

Los lobos corren detrás del antílope.

Este Illingoceros está rodeado.

Embiste a los lobos con los cuernos y les da coces.

Cuernos afilados y retorcidos.

Los ojos, situados a los lados de la cabeza, le dan un mayor campo de visión.

Cuartos traseros (patas posteriores) fuertes y ágiles.

Con sus patas largas y sus pezuñas duras, el antílope puede pasar mucho tiempo corriendo.

La unión hace la fuerza

La vida en manada era más segura para los rumiantes, porque era más difícil para los depredadores atacar a un grupo que a un animal aislado. Sin embargo, las manadas eran más fáciles de localizar.

Patas, cuernos y pezuñas

Algunos rumiantes desarrollaron unas patas largas que les permitían correr muy rápido y escapar de los depredadores. Además, al ser más altos, tenían un campo de visión más amplio. Muchos rumiantes desarrollaron cuernos puntiagudos para defenderse, además de propinar coces con sus duras pezuñas.

Historia del caballo

Los primeros caballos vivieron hace unos 50 millones de años, cuando la Tierra estaba cubierta de bosques. Eran mucho más pequeños que los caballos de hoy en día (más o menos del tamaño de un perro pequeño) y vagaban por los bosques comiendo hojas tiernas. A veces, los caballos se veían perseguidos por pájaros gigantes.

El dibujo muestra un pájaro gigante, llamado *Diatryma*, persiguiendo a unos *Hyracotherium*, los primeros caballos que se conocen.

Los bosques desaparecen

Gradualmente, los bosques donde vivían los caballos primitivos fueron sustituidos por enormes praderas (ve a la página 60) y los caballos tuvieron que cambiar para sobrevivir.

Más grandes y más rápidos

Hace 35 millones de años, los caballos desarrollaron patas más largas para correr por las llanuras y dientes más fuertes para masticar la hierba. También perdieron un dedo de sus patas delanteras y comenzaron a correr sobre los dedos del centro, que eran más fuertes, lo cual les dio una mayor agilidad.

El Diatryma es *un gran corredor, pero no puede volar.*

El Diatryma *mide dos metros de altura.*

El Hyracotherium *sólo mide 40 cm de alto.*

Cuello corto

Dientes pequeños y romos

El Hyracotherium *tiene cuatro dedos en las patas anteriores y tres en las posteriores.*

Los dedos del caballo se abren para no hundirse en terreno blando.

La vida en la llanura

Hace unos 10 millones de años, los caballos habían crecido algo y ya eran del tamaño de un poni. Vivían en manadas en las llanuras y no tenían problema para masticar y digerir la hierba. Los caballos tenían que ser muy rápidos para escapar de los felinos y de los perros salvajes, pero también usaban sus pezuñas de tres dedos para repeler los ataques.

A veces, dos machos se enfrentan para demostrar quién es el más fuerte.

Un grupo de Merychippus (caballos primitivos) en la llanura

Las manchas del manto (la piel) de los caballos les ayudan a ocultarse entre la hierba alta.

Cuello largo y robusto

Estos caballos tienen unos incisivos (dientes delanteros) afilados para cortar la hierba, y unos molares (dientes posteriores) muy fuertes, para masticarla.

Dedos laterales muy pequeños

Dedo central muy fuerte, acabado en pezuña o casco

Patas largas y esbeltas para correr muy rápido

Un nuevo tipo de caballo

Hace alrededor de cinco millones de años, apareció en América del Norte un nuevo tipo de caballo, llamado *Equus*. Eran más grandes que los *Merychippus* y sus cuatro patas terminaban en una pezuña de un solo dedo, llamada casco. Se extendieron desde América hasta Asia y Europa, y más adelante llegaron hasta África e India. El *Equus* es el único tipo de caballo que existe en nuestros días.

Estos dibujos muestran la evolución del caballo a lo largo de 45 millones de años.

El Hyracotherium (hace 50 millones de años)

El Mesohippus (hace 35 millones de años)

El Merychippus (hace 10 millones de años)

El Equus (hace 5 millones de años)

Animales de América del Sur

Alrededor de 50 millones de años después de que aparecieran los primeros mamíferos, lo que actualmente es América del Sur quedó aislada de América del Norte.

Aunque los mamíferos de América del Sur se desarrollaron totalmente aparte de otros animales, muchos eran muy parecidos a los de otras partes del mundo. Esto se debe a que los animales evolucionan para adaptarse a su medio, y por eso los animales que viven en un medio similar tienden a evolucionar de forma parecida.

Marsupiales

En América del Sur evolucionó una enorme variedad de marsupiales (mamíferos con bolsa), aunque actualmente quedan muy pocos. La mayoría eran cazadores, y muchos se parecían a los mamíferos carnívoros de otras partes del mundo.

El *Thomashuxleya* tenía aspecto de jabalí.

El *Diadiaphorus* parecía un caballo.

El *Macrauchenia* tenía cuerpo de camello y una trompa corta.

El *Theosodon* era un antepasado de la llama.

El *Toxodon* se parecía al hipopótamo.

El *Argyrolagus* era un marsupial que parecía una rata canguro.

El *Thylacosmilus* era un marsupial con aspecto de gran felino.

Herbívoros y roedores

Además de los marsupiales, se desarrollaron muchos tipos de animales euterios (ve a la página 54). Comían plantas tiernas y hierba, o roían raíces y ramas. Muchos se parecían a los herbívoros o roedores de otras partes del mundo, pero algunos, como el *Macrauchenia*, eran de lo más peculiar.

El *Protypotherium* era como un conejo.

Criaturas peculiares

En América del Sur había dos tipos de mamíferos totalmente distintos de cualquier otro animal del mundo: los perezosos y los gliptodontes. Los perezosos tenían el pelo largo y tupido, y se movían muy lentamente, mientras que los gliptodontes tenían una cúpula ósea en el lomo para protegerse.

Cambio de casa

Hace unos cinco millones de años, América del Norte y del Sur se unieron, y algunos mamíferos del sur se desplazaron hacia el norte, como los perezosos, los gliptodontes y los puercoespines. Algunos mamíferos del norte, como los conejos, los caballos y los grandes felinos, se extendieron por el sur.

El *Megatherium* era un perezoso gigante que vivía en el suelo.

El puercoespín norteamericano es originario de América del Sur.

El *Daedicurus* era un gliptodonte con una cola con púas.

El *Hapalops* era un perezoso que trepaba por los árboles.

El *Glyptodon* era del tamaño de un coche pequeño

La extinción

Poco después de la unión entre América del Norte y del Sur, muchas especies de mamíferos del sur se extinguieron. Los expertos opinan que esto se debió a que los mamíferos del sur no pudieron competir con los del norte. Sin embargo, muchas de las especies ya estaban desapareciendo antes de la llegada de los mamíferos del norte.

Cambios en el clima

Nadie sabe por qué se extinguieron tantos mamíferos de América del Sur. Sin embargo, en la época en que las dos mitades del continente se unieron, el clima de la Tierra se volvió muy variable. Puede que ciertos mamíferos del sur se extinguieran porque, al contrario que los del norte, no estaban acostumbrados a los cambios climáticos.

MAMÍFEROS

Historia del elefante

Los antepasados más antiguos de los elefantes actuales eran unos animales de cuerpo alargado, parecidos a los cerdos, que vivían en los pantanos de África hace alrededor de 40 millones de años. Se pasaban el día en el agua, comiendo hojas tiernas.

El *Moeritherium*, antepasado del elefante, pasaba la mayor parte de su vida en el agua.

Elefantes extraordinarios

Los elefantes evolucionaron y hubo muchos tipos distintos en África, Asia, Europa y América y algunos tenían dientes, colmillos y trompas con formas muy peculiares. Sin embargo, hace casi cinco millones de años, apareció un tipo de elefante, el *Stegodon*, muy similar a los actuales.

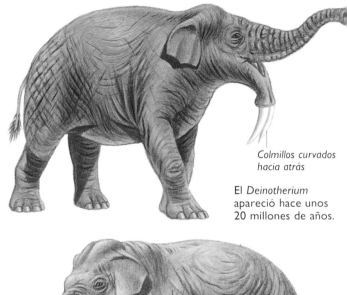

Colmillos curvados hacia atrás

El *Deinotherium* apareció hace unos 20 millones de años.

Dientes como palas

El *Platybelodon* vivió hace unos 10 millones de años.

Trompas y colmillos

A lo largo de varios millones de años, los elefantes primitivos se fueron haciendo más altos. Eso les hacía más difícil alcanzar las plantas que le servían de alimento. Poco a poco, su labio superior y su nariz se fueron alargando y se convirtieron en una trompa corta.

Colmillos pequeños y curvados

El *Phiomia* vivió hace unos 30 millones de años.

El *Stegodon* apareció hace unos 5 millones de años.

Los elefantes usaban la trompa para beber agua y para llevarse las plantas a la boca. También desarrollaron unos colmillos curvados para coger mejor su alimento.

Mamuts ahogados en alquitrán

Hace unos dos millones de años, apareció un grupo de elefantes enormes llamados mamuts, que medían hasta 4,5 metros de altura y tenían unos colmillos curvados muy largos.

En La Brea, cerca de Los Ángeles (EE UU) se han encontrado fósiles de mamuts y otros animales. Hace unos 15.000 años, había en la zona varios pozos de alquitrán o brea. Al cubrirse de agua de lluvia, los animales creyeron que eran charcas para beber y cientos de ellos se ahogaron al quedar atrapados en el alquitrán.

Buitre

Los mamuts se acercan a la charca para beber.

Los lobos y felinos salvajes se alimentan de los animales ahogados.

El dibujo muestra un pozo de alquitrán en La Brea.

Los antepasados del elefante

Hace unos 10.000 años, los mamuts se extinguieron, bien porque el clima se hizo demasiado cálido para ellos, bien por el acoso de los seres humanos. Sólo sobrevivieron dos grupos de elefantes, en África y en Asia, que son los antepasados de los elefantes actuales.

Los elefantes africanos descienden de los elefantes que vivieron en África hace unos cuatro millones de años.

Animales de la Era Glaciar

Desde el origen de la Tierra, buena parte de ésta se ha visto varias veces cubierta por espesas capas de hielo, y cada vez que ocurría, ese hielo se mantenía durante miles de años. Estos periodos largos de frío extremo se denominan glaciaciones.

La última glaciación

La última glaciación comenzó hace unos 100.000 años y terminó hace aproximadamente 10.000. Durante esta época, una importante masa de tierra en el hemisferio norte (la mitad norte del planeta) se cubrió de hielo.

Este mapa muestra el mundo durante la última glaciación.

Áreas cubiertas de hielo
Tierras heladas donde vivían animales

Mamuts congelados

A veces, los animales caían en pozos que después se congelaban totalmente. Así, los cuerpos de los animales no se pudrieron y quedaron conservados durante miles de años. En los hielos de Siberia, al norte de Rusia, se han encontrado varios mamuts lanudos. Algunos de ellos conservaban el pelo, y otros hasta tenían la última comida conservada en el estómago.

Esta cría de mamut fue hallada en los hielos de Siberia en 1977.

Mamuts lanudos

La vida al límite

Al comienzo de la última glaciación, muchos animales se trasladaron a zonas más cálidas, pero otros se quedaron en las tierras heladas cercanas al límite de las capas de hielo. Los lugares muy fríos donde el suelo está siempre helado se llaman tundra. Los animales que viven allí tienen un pelaje muy grueso que les mantiene calientes. La mayoría comen musgos, líquenes y pequeños arbustos, pero algunos son depredadores.

Este dibujo muestra algunos de los animales que vivían en la tundra.

Los renos usan su enorme cornamenta para defenderse de los carnívoros.

El manto blanco de la liebre del Ártico le ayuda a camuflarse en la nieve.

El zorro ártico es un astuto cazador.

Entre las glaciaciones

La última glaciación fue parte de una serie de glaciaciones que comenzaron a ocurrir hace dos millones de años. Entre estos periodos helados, hubo épocas muy cálidas. Donde había capas de hielo crecieron bosques frondosos, y los animales que se habían acostumbrado al frío tuvieron que buscar zonas más frescas. Por otra parte, los animales que preferían el calor, como el hipopótamo o el león, pudieron vivir en lugares tan al norte como Europa y América del Norte.

Animales extinguidos

Al terminar la última glaciación, hace alrededor de 10.000 años, muchos animales se extinguieron. Nadie sabe exactamente por qué ocurrió, pero una de las razones debió de ser el cambio climático. Algunos animales, como el mamut, eran una de las presas de los primeros humanos, y esa pudo ser otra causa de su desaparición.

Un viento helado sopla en la tundra.

El rinoceronte lanudo tiene una espesa capa de pelo.

El musgo y los líquenes crecen en la roca.

Los osos se refugian en cavernas cuando hace demasiado frío.

El buey almizclero vaga por la tundra buscando alimento.

Hay pequeñas plantas y arbustos que surgen a través de la nieve.

Simios del sur

Hace algo más de cinco millones de años, algunos simios de África aprendieron a caminar erguidos, con lo que pasaron a ser homínidos. Los seres humanos actuales también somos homínidos, pero los primeros eran muy distintos de nosotros: mucho más bajitos, con el cerebro más pequeño y rasgos simiescos.

El primer homínido conocido es el *Australopithecus*, que significa "simio del sur". Vivió entre cinco y un millón de años atrás.

Cráneo de *Australopithecus*

Los expertos no paran de encontrar huesos de homínidos. El hallazgo más famoso es el esqueleto de una *Australopithecus* encontrado en Hadar (Etiopía), a la que se llamó "Lucy".

Tras la pista

En Laetoli (Tanzania) se ha encontrado una serie de huellas de pisadas de *Australopithecus* conservadas en ceniza volcánica que demuestran que Lucy y sus compañeros ya caminaban erguidos.

Las huellas de pisadas de Laetoli

De árbol en árbol

Al principio, los *Australopithecus* pasaban mucho tiempo en los árboles. Tenían los dedos de los pies y de las manos largos y curvados, lo cual, junto con unos brazos muy largos, les permitía agarrarse y balancearse de rama en rama. Sin embargo, tenían las rodillas como las nuestras, lo cual muestra que podían también caminar erguidos.

Mapa de África

Hadar

Barranco de Olduvai

Laetoli

Sterkfontein

■ Lugares donde se han encontrado huesos de *Australopithecus*.

El dibujo muestra un grupo de los primeros *Australopithecus*.

El grupo vive en la linde de un frondoso bosque.

La mayoría de los Australopithecus *no medían más de 1,50 m de altura.*

Al caminar erguido, las manos quedan libres para transportar comida.

Las piedras son muy útiles para abrir las cáscaras duras de algunos frutos.

El *Australopithecus* tiene el cuerpo peludo y cara de simio.

¿Por qué se irguieron los simios?

Nadie sabe a ciencia cierta por qué algunos simios comenzaron a caminar erguidos, pero el clima podría ser una explicación.

Hace entre siete y cuatro millones de años, el clima de la Tierra se hizo mucho más fresco y, en África oriental, los bosques donde vivían los *Australopithecus* comenzaron a desaparecer. Como se hizo más difícil encontrar fruta y hojas para comer, tenían que caminar distancias mayores para hallar su alimento, y hacerlo erguido era menos cansado que a cuatro patas.

Al estar erguido, el *Australopithecus* podía ver mejor los animales peligrosos escondidos en las hierbas altas de los lindes del bosque.

Tipos diferentes

Poco a poco, el *Australopithecus* fue dividiéndose en varios tipos diferentes. Unos se conocen como "gráciles" (esbeltos) y otros como "robustos". El *Australopithecus* "robusto" tenía unas poderosas mandíbulas que le permitían comer hierbas y raíces duras.

Parte del grupo está comiendo hojas y fruta de los árboles.

Más allá del bosque hay una llanura enorme, llamada sabana.

Brazos largos y poderosos

Dedos largos y curvados para agarrarse a las ramas

Al estar erguido, el Australopithecus puede ver si hay algún felino acechando.

Este grupo de Australopithecus se aventura por la llanura en busca de comida.

Algunos usan palos para romper un nido de termitas y poder comérselas.

HUMANOS

Los fabricantes de herramientas

Hace aproximadamente dos millones y medio de años, apareció en África una nueva especie de homínido, llamado *Homo habilis*. Durante más de un millón de años, convivió con el *Australopithecus* (ve a las páginas 72 y 73).

El *Homo habilis* tenía el cerebro más grande que el *Australopithecus*, y tenía más habilidad, como indica su nombre en latín. Se parecía más al hombre actual y a menudo se le considera el primer humano.

Nuevas técnicas

El *Australopithecus* recogía palos y piedras y los utilizaba como herramientas, pero el *Homo habilis* construía las suyas: unas láminas de piedra finas (llamadas lascas) para cortar, y otras más grandes (llamadas guijarros) para romper objetos duros como las nueces. Usaban un tipo de piedra llamada sílex, que era fácil de tallar.

Guijarro

Lasca

Piedra tallada

El *Homo habilis* fabricaba sus utensilios golpeando una piedra con otra. Se usaba una piedra larga y fina para sacar esquirlas afiladas (lascas) de una piedra más grande. Esta técnica se denomina tallado de la piedra.

Un grupo de *Homo habilis* fabricando y usando herramientas.

Sacando lascas de una piedra

Martillo de piedra

Lasca

Rompiendo nueces con un guijarro

Palos afilados

El *Homo habilis* fabricó un tipo de herramienta de madera, el palo para cavar, tallando un extremo de una rama con una lasca de piedra. Es posible que se utilizaran para extraer raíces del suelo como alimento.

Afilando un palo con una lasca

Extrayendo raíces con un palo afilado

Ladrones de carne

Aunque seguramente el *Homo habilis* no cazaba, sí que comía carne. Los *Homo habilis* usaban herramientas de piedra afilada para arrancar la carne de los animales muertos que hallaban. Los utensilios les permitían hacerlo rápidamente y huir antes de que les atacaran los animales salvajes.

Estos Australopithecus se alimentan de hojas porque no saben fabricar herramientas para cortar carne.

En el dibujo vemos un grupo de *Homo habilis* arrancando la carne de un elefante muerto.

Estos leones vienen a buscar comida.

Los guijarros, grandes y afilados, son muy útiles para romper los huesos y alcanzar el tuétano del interior.

Las lascas se utilizan para cortar la carne.

Este elefante murió de viejo.

Los buitres picotean la carne.

Este Homo habilis se lleva carne para comer.

Comienzan los viajes

Al comer carne, el *Homo habilis* podía viajar más lejos que el *Australopithecus*, porque no tenía que vivir tan cerca de las plantas y la fruta, y podía explorar zonas más amplias. Además, la nueva dieta les dio más fuerza e hizo que el cerebro creciera más.

75

La llegada del fuego

Un millón de años tras la llegada del *Homo habilis* (ve a la página 74), apareció en África otro homínido con un cerebro aún mayor. Esta especie caminaba completamente erguida y se llama *Homo erectus* ("hombre erguido", en latín). Aprendieron a utilizar el fuego, lo cual les dio mucho más control sobre sus vidas.

En busca del fuego

Es probable que el *Homo erectus* no supiera encender fuego por sí mismo, sino que encontrara fuegos provocados por rayos caídos sobre hierba seca. Seguramente, se llevaban una rama encendida a su caverna o campamento y mantenían el mismo fuego encendido durante días o incluso semanas.

El dibujo muestra al *Homo erectus* utilizando el fuego en su caverna.

Fuera está oscuro y hace frío.

Un rayo ha provocado un incendio en la pradera.

La gente usa ramas ardiendo para ahuyentar a los animales salvajes.

Estos hombres han traído carne para cocinarla al fuego.

El fuego asusta a los felinos salvajes.

Calientes y a salvo

El fuego mantenía calientes a los *Homo erectus* por la noche. También podía servir de arma contra los animales peligrosos, que se asustaban al ver las llamas.

La invención de la cocina

El *Homo erectus* descubrió que la carne y las plantas sabían mejor si se calentaban, así que inventó la cocina. Como los alimentos cocinados son más fáciles de masticar, sus dientes y mandíbulas se fueron haciendo más pequeños. Por otro lado, al comer más carne, se hicieron más fuertes y más altos, y su cerebro se hizo más grande.

Se acabaron las tinieblas

Al mantener encendido el fuego, el *Homo erectus* podía ver con claridad al anochecer. Así, no tenían que irse a dormir cuando el sol se ponía, como otros homínidos, sino que podían seguir trabajando de noche.

Herramientas mejores

El *Homo erectus* usaba el fuego para hacer utensilios mejores. Endurecían los extremos de las lanzas de madera entre las llamas y calentaban las piedras para que fueran más fáciles de tallar. Con piedras calientes fabricaron herramientas llamadas hachas de mano, que estaban muy afiladas.

Hacha de mano

Gracias a la luz del fuego, se puede trabajar por la noche.

Un grupo se calienta al fuego.

Esta mujer está cocinando carne.

Este hombre mantiene encendido el fuego con ramas.

Estas plantas se han cocinado al fuego.

Con las hachas de mano se corta la carne.

...nzas ...madera ...dureciéndose ...fuego.

Esta mujer está acercando una piedra al fuego. Las piedras calientes son más fáciles de tallar

Calor de hogar

El fuego proporcionó al *Homo erectus* un lugar donde reunirse. Como el fuego convertía cualquier lugar en un hogar seguro, empezaron a instalarse en muchos sitios distintos. Poco a poco, se fueron alejando de África (ve a la página 78).

Los primeros exploradores

Durante más de tres millones de años, los homínidos vivieron únicamente en el sur y el este de África pero, hace alrededor de 1,8 millones de años, el *Homo erectus* comenzó a trasladarse a otras zonas.

Más allá de África

Poco a poco, el *Homo erectus* se fue extendiendo hasta explorar casi toda África. Ciertos grupos fueron avanzando hacia el este hasta llegar a Indonesia y China.

La vida en una cueva de China

Un grupo se asentó en una gran cueva cercana a Zhoukoudian, en China. El *Homo erectus* vivió allí durante 250.000 años

Esta escena muestra al *Homo erectus* en la cueva de Zhoukoudian.

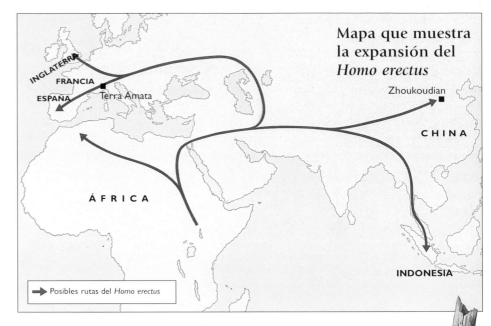

Mapa que muestra la expansión del *Homo erectus*

INGLATERRA
FRANCIA
ESPAÑA
Terra Amata
Zhoukoudian
CHINA
ÁFRICA
INDONESIA

→ Posibles rutas del *Homo erectus*

Cráneos y cuernos

Las gentes de Zhoukoudian comían carne de ciervo y de caballo, que seguramente se encargaban de cazar. Fabricaban herramientas de piedra golpeando las rocas con trozos de cuerno y hacían cuencos para beber con cráneos de ciervo.

Un cuenco hecho con un cráneo de ciervo

Parte de un cuerno de ciervo usado como martillo

El descubrimiento de Europa

Se calcula que el *Homo erectus* llegó a Europa hace unos 500.000 años. Eran nómadas y vivían de la caza, la pesca y la recolección de plantas. Lo más al oeste que llegaron fue España, y lo más al norte, Inglaterra.

Las pieles de animales les sirven de abrigo.

Leña

Este hombre está utilizando un cuerno de ciervo como martillo.

Este hombre está convirtiendo un cráneo de ciervo en un cuenco.

Esta muchacha está bebiendo agua de un cráneo de ciervo.

HUMANOS

La vida en la costa

Ciertos grupos de *Homo erectus* volvían cada año a vivir al mismo sitio. Hubo un grupo que pasaba las primaveras en un lugar llamado Terra Amata, en la costa sur francesa, donde puede que construyeran refugios con ramas. Utilizaban lanzas de madera para cazar y pescar.

El uso del fuego

El *Homo erectus* usaba el fuego para calentarse y gracias a él pudieron salir de África y llegar a zonas más frescas. El fuego servía también para ahuyentar a los animales salvajes. Al morir menos gente, el *Homo erectus* fue creciendo en número.

¿Por qué viajaban?

Los expertos piensan que el *Homo erectus* tenía que viajar para encontrar comida suficiente, porque cada vez había más bocas que alimentar. Cazaban animales migratorios y puede que éstos los guiaran a nuevos territorios.

Este dibujo muestra a unos *Homo erectus* cazando ciervos en Terra Amata.

La gente se quedaba junto a los arroyos, donde tenían agua fresca para beber.

Un pescador

El pescado y la carne se cocinan al fuego.

Los cazadores utilizan lanzas de madera y piedras afiladas.

Cazadores de la Era Glaciar

Hace unos 200.000 años, comenzó a evolucionar un nuevo tipo de humano a partir del *Homo erectus*. Tenían el cerebro más grande que sus antecesores y se les conoce como *Homo sapiens*, que significa "hombre sabio" en latín.

El hombre de Neanderthal fue uno de los primeros *Homo sapiens*. Se llama así porque sus huesos se encontraron en el valle del mismo nombre, situado en Alemania. Poblaron Europa y Asia occidental durante una de las glaciaciones, cuando gran parte de la Tierra estaba cubierta por hielo y nieve (ve a la página 68).

Grandes y listos

Durante mucho tiempo se pensó que los Neanderthal no eran inteligentes, sino como los simios, pero los expertos actuales han cambiado de opinión. El hombre de Neanderthal tenía un cuerpo fuerte y musculoso y el arco superciliar (el arco de las cejas) prominente, pero eran muy parecidos a nosotros. Algunos tenían un cerebro mayor que el nuestro.

En busca de comida

Durante los largos inviernos helados de una glaciación era muy difícil encontrar plantas para comer, y por eso el hombre de Neanderthal comía mucha carne. Arrancaban la carne de los animales muertos que encontraban y también cazaban animales como caballos y renos.

Cazando con fuego

Resultaba muy peligroso acercarse a los mamuts y a los rinocerontes pero, como a todos los animales, también les asustaba el fuego. Los cazadores perseguían a estas enormes bestias con ramas encendidas y les hacían despeñarse por un precipicio. Los animales morían y los cazadores podían llevarse la carne.

La escena muestra un grupo de hombres de Neanderthal haciendo que unos mamuts caigan por un precipicio.

Los cazadores gritan y agitan los brazos para asustar a los mamuts.

Lanza de madera

Ramas ardiendo

Arco superciliar prominente

Mandíbula grande

Cuerpo pequeño y robusto

Pieles de animales anudadas

La fortaleza del hombre de Neanderthal le ayuda a soportar el frío.

Este hombre ha caído herido por un mamut.

Hay que abrigarse

Durante aquellos gélidos inviernos, los hombres de Neanderthal necesitaban ropa abrigada para protegerse del frío y probablemente se vestían anudando entre sí pieles de animales. A menudo se refugiaban en cavernas, pero cuando estaban en campo abierto es probable que construyeran refugios hechos de ramas y pieles de animales.

Los mamuts están aterrorizados por el fuego y los gritos de los hombres.

Herramientas nuevas

Los hombres de Neanderthal hacían mejores herramientas que sus antecesores. Tenían utensilios distintos para cazar, cortar comida y tallar la madera. Además, usaban sus mandíbulas para arrancar la carne de los huesos de los animales y para limpiar las pieles.

HUMANOS

81

Las familias primitivas

Los hombres de Neanderthal eran más inteligentes que sus antecesores y desarrollaron una forma de vida más organizada que les ayudó a resistir el enorme frío de la Era Glaciar. Trabajaban juntos en grupos familiares y cuidaban a los parientes que estaban enfermos o heridos.

Ayudando a los heridos

Las cacerías de animales salvajes eran muy peligrosas y solía haber heridos. Algunos no podían volver a cazar como consecuencia de las heridas, y seguramente sus familias cuidaban de ellos durante el resto de sus vidas.

¿Ofrendas para los muertos?

Algunos expertos piensan que el hombre de Neanderthal creía en la vida después de la muerte. Se han hallado cuernos de animales, herramientas de piedra y polen de flores en sus tumbas. Puede que estos objetos fueran regalos u ofrendas para ayudar a los muertos en la otra vida.

En este dibujo vemos a un hombre de Neanderthal muerto enterrado por su familia y amigos.

El lugar del entierro está casi al fondo de la caverna.

Cuerno de ciervo que se coloca en la tumba

Estos hombres colocan ofrendas sobre el cuerpo.

Cuerno de cabra

Flores

Un hombre herido ayudado por su hermano

Herramientas de piedra

Huesos de ciervo

La familia del fallecido lo ha colocado en esa posición.

Después, la familia cubrirá el cuerpo con tierra.

Enterrando a los muertos

Los hombres de Neanderthal fueron los primeros en enterrar a sus muertos. Hacían un agujero con palos afilados y piedras, y colocaban el cuerpo en su interior con mucho cuidado.

¿El origen del lenguaje?

Nadie sabe con exactitud cuándo empezó a hablar el hombre, aunque algunos expertos opinan que el hombre de Neanderthal fue el primero. Probablemente utilizaban palabras simples y muchos gestos, y esa capacidad de comunicarse les permitió trabajar en equipo, organizar cacerías y avisarse de los peligros.

Este dibujo muestra a unos Neanderthal corriendo para avisar a su familia de que hay lobos aproximándose.

La familia entera se reúne para el entierro de este hombre.

El fin del hombre de Neanderthal

Hace unos 40.000 años, el hombre de Neanderthal comenzó a extinguirse. En Europa y Asia había aparecido ya un nuevo tipo de hombre, que era un fenomenal cazador (ve a las páginas 84 a 87).

Poco a poco, estos nuevos cazadores expulsaron al hombre de Neanderthal de sus territorios de caza. Muchos murieron de hambre y otros se debilitaron y murieron por distintas enfermedades. Hace unos 30.000 años, se extinguieron completamente.

Los primeros humanos modernos

Hace unos 150.000 años apareció un nuevo tipo de *Homo sapiens*. Es la especie a la que todos los seres humanos actuales pertenecen: el *Homo sapiens sapiens*. Los humanos de hoy en día tienen el cráneo grande y redondeado, la frente recta y la mandíbula pequeña.

Cráneo de *Homo sapiens sapiens*

En esta escena vemos una tribu de hace 40.000 años.

La caza y la recolección

Los primeros humanos modernos vivían de la caza de animales y de la recolección de plantas. Iban viajando de un lugar a otro en busca de comida. Las comunidades que viven así se llaman cazadores-recolectores. Algunos volvían al mismo sitio en la misma época del año y se quedaban allí hasta que se acababa el alimento antes de ir a otra parte.

El trabajo en equipo

Estos humanos primitivos podían hablar tan bien como la gente de hoy. El lenguaje les permitió trabajar en grupos grandes o tribus. Cada tribu tendría probablemente un jefe, que organizaba las cacerías.

Las hondas se utilizan para cazar aves marinas.

Cazadores de focas

Se recolectan mejillones y cangrejos para comer

Este muchacho está limpiando una piel de animal con un raspador de piedra.

Este anciano está relatando sus aventuras como cazador.

Esta mujer está cosiendo ropas de piel con un aguja de hueso.

Herramientas con mango

Hace 40.000 años, los humanos ya fabricaban sus herramientas con mango. Las lanzas se hacían fijando una hoja de piedra afilada sobre un palo largo. El hueso se tallaba para formar piezas afiladas que, atadas a palos, se utilizaban como arpones y para hacer anzuelos.

Refugio hecho de ramas y pieles de ciervo

Estos cazadores traen unos antílopes.

Esta mujer está haciendo una cesta de caña.

Carne puesta a secar

La carne seca puede almacenarse mucho tiempo sin que se ponga mala.

Arpones para cazar peces y focas

Hoja de hueso

Estos hombres son de una tribu distinta. Han venido a cambiar hojas de piedra por valvas.

La costura

El hombre comenzó a coser las pieles de animales para hacer ropa. Tenían agujas de hueso y utilizaban unas tiras finas de cuero a modo de hilo.

El comercio y el lenguaje

Cuando iban de un lugar a otro, las tribus humanas comerciaban con herramientas y objetos valiosos. Los miembros de tribus distintas se contaban sus experiencias y compartían información sobre sitios nuevos.

El mundo espiritual

Se piensa que el hombre creía que el mundo estaba controlado por ciertos espíritus poderosos, o dioses. Seguramente intentaban comunicarse con sus dioses mediante ceremonias religiosas, en las que quizá les pidieran ayuda con la caza o protección para los muertos en la otra vida.

HUMANOS

Nuevos mundos

Los humanos actuales evolucionaron a partir de un tipo más primitivo llamado *Homo erectus* (ve a las páginas 76 a 79). Algunos expertos piensan que evolucionaron en distintos lugares, más o menos al mismo tiempo. Sin embargo, otros muchos opinan que aparecieron en África y después se fueron extendiendo por el resto del mundo.

El comienzo de los viajes

Los seres humanos probablemente comenzaron a salir de África y pasar a Europa y Asia hace unos 100.000 años. Gradualmente, fueron sustituyendo a los habitantes de aquellos lugares y hace 30.000 años se convirtieron en la única especie humana del planeta.

Cruzar el océano

Hace aproximadamente 50.000 años, durante la última glaciación, hubo grupos de humanos que partieron por mar desde el sudeste asiático. Nadie sabe por qué. Puede que buscaran comida, más tierras, o que sólo estuvieran explorando.

El dibujo nos muestra a gente del sudeste de Asia en un viaje hacia nuevos horizontes.

Tras las manadas

Algunas tribus de Europa y Asia cazaban animales migratorios, como el reno o el bisonte. Como seguían a las manadas durante todo el año, los animales les llevaban a lugares nuevos.

Bisonte

Los primeros americanos

A veces, el nivel del mar era tan bajo que Asia y América del Norte estaban unidas por una franja de tierra llamada Beringia. Las manadas de animales la atravesaban para pasar de un continente a otro.

Hace entre 30.000 y 12.000 años, algunas tribus siguieron a las manadas asiáticas en su paso a América del Norte. Los cazadores fueron trasladándose poco a poco al sur, hasta que poblaron las dos mitades del continente americano.

El camino a Australia

Durante la glaciación, el nivel del mar era mucho más bajo que el actual, por lo que había muchos islotes en los que los viajeros podían parar a descansar. Aún así, tenían que atravesar muchos kilómetros entre isla e isla, y seguro que muchos desaparecieron en el mar. Algunos acabaron llegando a las costas de Australia, y fueron los primeros humanos que vivieron allí.

Remo de madera

Algunos botes están hechos de cañas atadas con tiras finas de bambú.

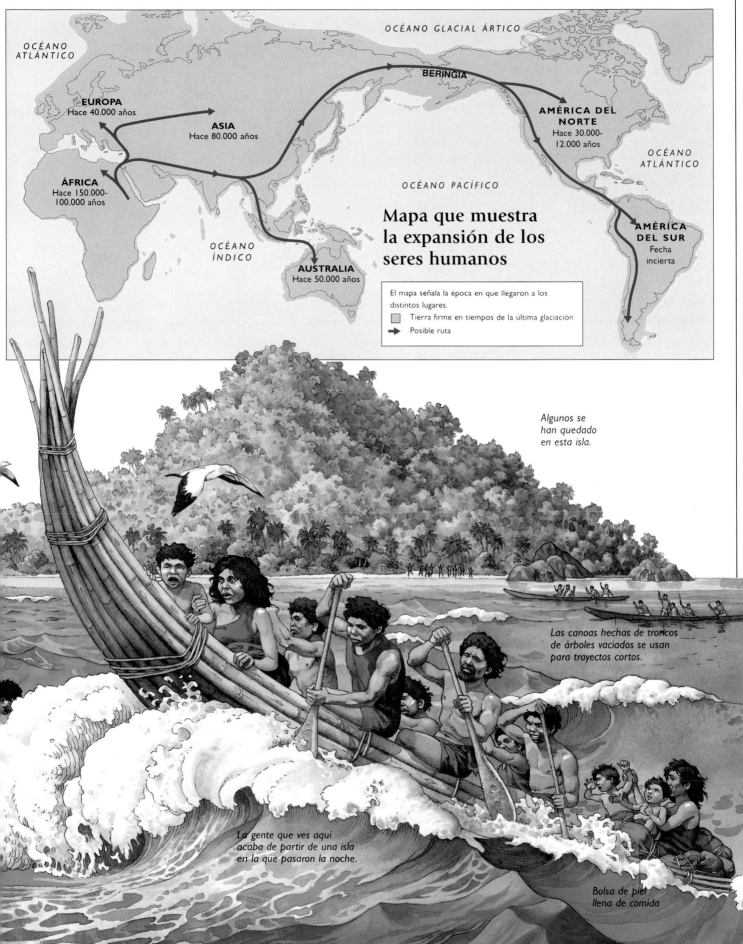

OCÉANO GLACIAL ÁRTICO

OCÉANO
ATLÁNTICO

BERINGIA

EUROPA
Hace 40.000 años

ASIA
Hace 80.000 años

**AMÉRICA DEL
NORTE**
Hace 30.000-
12.000 años

OCÉANO
ATLÁNTICO

ÁFRICA
Hace 150.000-
100.000 años

OCÉANO PACÍFICO

Mapa que muestra la expansión de los seres humanos

**AMÉRICA
DEL SUR**
Fecha
incierta

OCÉANO
ÍNDICO

AUSTRALIA
Hace 50.000 años

El mapa señala la época en que llegaron a los distintos lugares.

☐ Tierra firme en tiempos de la última glaciación

➤ Posible ruta

*Algunos se
han quedado
en esta isla.*

*Las canoas hechas de troncos
de árboles vaciados se usan
para trayectos cortos.*

*La gente que ves aquí
acaba de partir de una isla
en la que pasaron la noche.*

*Bolsa de piel
llena de comida*

HUMANOS

Los cazadores de mamuts

Hace alrededor de 30.000 años, durante la última glaciación, las tribus humanas alcanzaron las llanuras heladas del este de Europa. Estas gentes se adaptaron rápidamente a la vida en un lugar tan frío e inhóspito y se convirtieron en expertos cazadores de mamuts, de cuyos cuerpos obtenían casi todo lo que necesitaban.

La cacería

Como otras gentes de su época, los cazadores de mamuts usaban un arma llamada lanzavenablos, que les permitía arrojar las lanzas mucho más lejos y así atacar a los animales peligrosos, como los mamuts, desde una distancia segura.

Chozas de huesos de mamut

En las llanuras escaseaban las cuevas y colinas, y los cazadores de mamuts no tenían lugares donde refugiarse de la nieve y el viento. Como apenas crecían árboles, no había madera para construir chozas, así que utilizaban huesos y pieles de mamut.

Este dibujo muestra un grupo de cazadores de mamuts y sus chozas.

Las pieles de animales mantienen el calor en la choza.

La gente enciende el fuego golpeando dos piedras.

Colmillos de mamut

Hueso de mandíbula de mamut

Este hombre está enseñando a unos niños cómo arrojar una lanza.

Lanzavenablos hecho de hueso

La música y la danza

Los cazadores de mamuts hicieron algunos de los primeros instrumentos musicales que se conocen. Utilizaban cráneos y clavículas de mamut como tambores y vaciaban huesos pequeños para hacer flautas.

Es probable que la gente danzara al ritmo de la música. La danza servía para unir a los miembros de la tribu. También podría haber sido parte de una ceremonia religiosa.

Cazadores de mamuts tocando instrumentos y danzando.

Flauta hecha de hueso vaciado

Se han cosido plumas en la ropa para la danza.

Tambor de cráneo de mamut

Ropa de invierno

En invierno, los cazadores de mamuts llevaban ropas muy abrigadas hechas de pieles de mamut cosidas. También llevaban botas de cuero y manoplas de piel.

Valvas y cuentas

A veces, la gente se cosía valvas o plumas en la ropa. También se hacían collares de cuentas hechas de valvas y dientes de animales, y se usaba el marfil de los colmillos de mamut para hacer pulseras. Puede que estas ropas decoradas y ornamentos se utilizaran en las ceremonias religiosas y que los jefes de la tribu llevaran una decoración especial.

Este hombre está tallando un cuchillo de piedra.

Estas mujeres están haciendo collares de valvas y dientes de animales.

Cuentas hechas de valvas y dientes de animales

HUMANOS

Los primeros artistas

Hace aproximadamente 35.000 años, el hombre empezó a pintar las paredes de sus cuevas. En muchas partes del mundo se han encontrado pinturas rupestres (hechas en la roca de las cavernas), pero las más famosas están en España y en Francia. Nadie sabe el motivo de estas pinturas, pero puede que las cavernas pintadas se usaran para asambleas y ceremonias.

Las pinturas rupestres

Las primeras pinturas se hicieron moliendo rocas blandas hasta convertirlas en una pasta, y con los dedos se hacía el contorno del dibujo. Después pintaban el interior presionando en la pared con un trozo de piel de animal mojado en pintura.

¿Los primeros sacerdotes?

A veces, los artistas pintaban criaturas extrañas, medio hombre, medio animal. Puede que representaran a sacerdotes primitivos disfrazados de animal y que las tribus celebraran ceremonias religiosas en las cavernas donde se pintaban estas figuras.

Este dibujo muestra el tipo de ceremonia que podía tener lugar en una caverna pintada.

Este hombre es un sacerdote.

Cornamenta de ciervo

Plumas de pájaro

Cola de lobo.

Estos hombres piden ayuda a sus dioses para cazar.

Animales pintados

La mayoría de las pinturas rupestres representan animales como bisontes, ciervos, caballos y mamuts. Puede que pensaran que los animales pintados eran mágicos y que les traerían suerte para cazar.

Sólo se pintaba en las cavernas profundas y oscuras.

Toro

Caballo

Manada de ciervos

Mamut

Bisonte

Un artista ha hecho estas formas poniendo la mano sobre la pared y soplando la pintura para marcar el contorno.

La cueva está iluminada con grasa animal ardiendo en cuencos de piedra.

Piel pintada con arcilla roja

El barro cocido

En esta época, los artistas también descubrieron que, al cocer el barro, se endurecía. En el este de Europa se han hallado figuras de barro de personas y animales.

¿Los primeros calendarios?

Los expertos han encontrado trozos de hueso y de cuerno con multitud de tallas diminutas. Estas tallas primitivas parecen indicar las fases de la luna en los distintos momentos del mes, así que puede que fueran los primeros calendarios.

Talla de figuras

Los artistas primitivos tallaban estatuillas de marfil y de hueso. Muchas representan a mujeres que podrían representar a diosas y otras a animales.

Figura en marfil de una persona con cabeza de león.

Pintura corporal

Además de pintar las paredes de las cavernas, se utilizaba arcilla roja para decorar los cuerpos de los muertos antes de enterrarlos. Puede que también se pintaran con símbolos sagrados antes de participar en ceremonias religiosas.

De la caza a la agricultura

Hace unos 12.000 años terminó la última glaciación. Como la temperatura del planeta aumentó, en muchas zonas el hielo se derritió y en su lugar comenzaron a crecer bosques inmensos.

Al terminar la glaciación se extinguieron algunos de los animales más grandes, como los mamuts. La gente dependía de la caza de ciervos, jabalíes y otros animales pequeños.

La mayoría de las tribus eran nómadas y viajaban en busca de alimento, pasando una temporada en cada sitio. Sin embargo, algunas encontraron lugares en los que podían cazar animales, pescar y recolectar frutos durante todo el año. Allí pudieron asentarse y vivir para siempre.

La doma de animales

Es probable que el hombre comenzara a domar caballos durante la última glaciación. Más adelante, los cazadores comenzaron a llevarse cachorros de lobo a su campamento para cuidarlos. Los lobos se acostumbraron a la presencia humana y pudieron domesticarse. Los cachorros de lobo, al crecer domesticados, acabaron ayudando a los cazadores a encontrar y matar a otros animales.

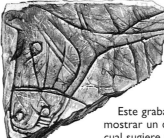

Este grabado de la época parece mostrar un caballo con un arnés, lo cual sugiere que los hombres primitivos domaban caballos.

El dibujo muestra la vida de una tribu de cazadores en un bosque.

Se utilizan palos para hacer que caigan los frutos de un árbol.

Esta muchacha ha recogido miel de una colmena de abejas.

Estas mujeres están recolectando frutos y bayas.

Cuenco de madera

Se usan hachas de piedra para talar los árboles.

Canoa hecha con un tronco de árbol

Red de pesca hecha con sarmiento

Estos hombres están cazando pájaros con arcos y flechas.

Tiendas hechas de ramas y pieles de animales

Cuerda de arco hecha de tripa de animal

Este jabalí cayó en un pozo excavado en el bosque.

Perros de caza domesticados

Flecha con punta de piedra

Las plumas hacen que las flechas vuelen rectas.

Aparece la ganadería

Algunos pueblos comenzaron a domesticar distintos animales, hasta que al final las tribus tuvieron manadas de ovejas, cabras y vacas. Gracias a eso, siempre tenían carne y leche, además de pieles para hacer ropa.

Las primeras cosechas

Hace alrededor de 10.000 años, algunas tribus de Oriente Medio comenzaron a plantar semillas y a cosechar trigo y cebada. Cuando se descubrió la agricultura, la gente pudo cultivar su propio alimento, además de cazar y pescar.

Los primeros asentamientos

Los granjeros primitivos se asentaban cerca de los campos donde cultivaban sus cosechas. Construían chozas para ellos y refugios para los animales. Así comenzaron los poblados.

HUMANOS

93

Glosario

El glosario explica algunas de las palabras que se usan en este libro.

agallas: órgano que tienen algunos animales acuáticos y que les permite tomar el oxígeno del agua.

anfibio: animal que vive en tierra pero pone sus huevos en el agua, como la rana.

artrópodo: animal con patas articuladas y un esqueleto externo duro. Las arañas y los insectos son artrópodos.

carroñero: animal que se alimenta de carne de los animales muertos que encuentra.

células: "piezas" diminutas que forman todos los seres vivientes.

colonia: grupo formado por un gran número de individuos de un mismo tipo de planta o animal. Los miembros de una colonia viven y crecen juntos.

continente: enorme extensión de tierra sobre la superficie del planeta. África y América son dos de los continentes de la Tierra.

depredador: un animal que caza y devora otros animales.

ectotérmico: palabra que se refiere a los animales de sangre fría, que no pueden producir su propio calor corporal.

endotérmico: palabra que se refiere a los animales de sangre caliente, que pueden producir su propio calor corporal.

especie: grupo de animales o plantas similares que pueden reproducirse juntos. Los leones son de una especie y los tigres de otra.

estegosaurio: dinosaurio herbívoro de gran tamaño con una fila de placas óseas situadas en vertical sobre el lomo.

euterios: mamíferos cuyas crías crecen dentro del cuerpo de la madre hasta que pueden sobrevivir en el exterior. Los conejos y los humanos son euterios.

evolucionar: cambiar o desarrollarse gradualmente.

extinguido: palabra que se refiere a una especie animal o vegetal que ya no existe porque han muerto todos sus individuos, como los dinosaurios.

fósil: restos de un animal o planta prehistórico. A menudo están hechos de piedra.

fosilizar: convertirse en fósil.

fotosíntesis: el proceso que usan las plantas para elaborar su alimento a partir del agua y la luz solar.

glaciación: un periodo de tiempo en el que muchas zonas de la Tierra estaban cubiertas de hielo.

hadrosaurio: dinosaurio herbívoro con pies de pájaro y pico de pato.

hidrodinámico: que está diseñado para deslizarse por el agua sin ofrecer resistencia.

homínido: simio que tiene el cerebro grande y camina erguido. Los humanos son homínidos.

ictiosaurio: reptil marino con forma de delfín.

mamífero: animal que tiene pelo en el cuerpo y alimenta a sus crías con leche. Los humanos son mamíferos.

mamut: un enorme elefante primitivo con colmillos largos y curvados.

marsupial: mamífero cuyas crías crecen en una bolsa sobre el estómago de la madre hasta que pueden valerse por sí mismas. Los canguros son marsupiales.

meteorito: fragmento de roca que cae a la Tierra desde el espacio.

migratorio: palabra que designa a los animales que se desplazan de un sitio a otro en distintas épocas del año en busca de comida o para tener crías.

ornitópodo: dinosaurio herbívoro con pies y pico de pájaro.

oxígeno: gas que todas las criaturas vivientes necesitan para respirar.

partícula: un fragmento diminuto.

planeta: una enorme bola de roca, gas o metal que da vueltas alrededor de una estrella.

plesiosaurio: reptil marino con cuello largo y aletas enormes con forma de remo.

presa: el animal al que otros cazan para alimentarse.

primate: mamífero con manos, pies y un cerebro voluminoso. Los simios y los humanos son primates.

proteínas: sustancias químicas que forman todas las células vivas.

pterosaurio: reptil prehistórico volador.

reptil: animal con piel escamosa que pone sus huevos en tierra firme. Los lagartos y las serpientes son reptiles.

roedor: mamífero con dientes muy fuertes que roe las raíces, los arbustos y los troncos de los árboles.

saurópodo: dinosaurio herbívoro de enorme tamaño, con un cuello y cola larguísimos, que caminaba a cuatro patas.

terópodo: dinosaurio carnívoro.

vertebrado: animal con columna vertebral.

Índice alfabético

Los nombres de especies de animales o plantas concretos aparecen en *cursiva*.

A

Acanthostega, 26,27
acantodios, 22
África, 66, 72, 73, 74, 76, 78, 86
Aglaophyton, 24
agricultura, 93
alas, 10, 29, 46, 48-49, 57
aletas, 22, 23, 26, 28, 44, 45
algas, 16, 17, 24
América,
    del Norte, 54, 63, 64, 65, 69, 86
    del Sur, 54, 64-65
ammonites, 6
anfibios, 4, 27, 28, 29 ,30, 31, 51, 94
Anomalocaris, 19
anquilosaurios, 42
antílope, 60, 61, 85
Apatosaurus, 39
arañas, 24, 29
árboles, 28, 29
Archaeopteryx, 48-49
arcos y flechas, 93
arcosaurios, 35, 46
Argyrolagus, 64
armas, 76, 77, 79, 85, 88, 93
arpones, 85
arrecifes de coral, 20
arte, prehistórico, 90-91
artrópodos, 18, 24, 94
Asia, 15, 63, 66, 67, 80, 83, 86
Asteroxylon, 25
atmósfera terrestre, 17
Australia, 17, 53, 54, 55, 86
Australopithecus, 72-73, 74, 75
Aysheaia, 18

B

bacterias, 16
ballenas, 57
Basilosaurus, 57
belemnites, 44
Beringia, 87
Big Bang, 12
Birbalomys, 56
bisonte, 86, 90, 91
bolsa, animales con, 54-55, 64
bosques, 5, 28-29, 60, 62, 69, 73, 92
botes, 86, 92
Brachiosaurus, 39
Branisella, 57
braquiópodos, 20
briozoos, 20
Brontotherium, 60
Burgess Shale, 7, 18-19
Burgessochaeta, 18

C

caballo, 5, 62-63, 78, 80, 90, 91, 92
    evolución del, 5, 62-63
Cámbrico, periodo, 4, 18-19, 20
Canadá, 7, 18
canguros, 54
canoas, 87, 92
caracoles marinos, 20
carbón, 7, 28
Carbonífero, periodo, 5, 28-29

carnívoros, 11, 32, 33, 36, 57, 58-59, 60, 64, 68
carnosaurios, 37
carroñeros, 19, 58
cartílago, 22
cáscara (de huevo), 30, 48
Cathaymyrus, 19
Caudipteryx, 48
caza, 78, 79, 80-81, 82, 84, 85, 88, 90, 92, 93
cazadores-recolectores, 84
celacanto, 23
células, 4, 16, 18, 94
ceratópidos, 43
Cerdocyon, 58
cerebro, tamaño del, 9, 36, 58, 60, 71, 72, 74, 75, 76, 77, 80
ceremonias religiosas, 85, 89, 90-91
Cheirolepis, 23
China, 19, 78
chozas de huesos de mamut, 88
chozas, 85, 88, 93
ciempiés, 24, 25, 28, 29
ciervos, 60, 78, 79, 90, 91, 92
cinodontos, 34, 35
Cladoselache, 22
Cladosictis, 57
clima, cambios en el, 26, 51, 60, 65, 67, 68, 69, 73, 92
cocina, 77, 79
cocodrilos, 9, 30, 45
Coelophysis, 36
colmillos, 34, 40, 60, 66, 67, 88
comercio, 85
Composognathus, 36
continentes, movimiento de, 15, 33, 54, 64, 65
Cooksonia, 24
corales, 20
cordados, 19
corteza terrestre, 12, 13, 14, 15
Corythosaurus, 40
cosechas, 93
costura, 84, 85, 89
cráneo, 7, 33, 42, 72, 78, 84, 89
creodontos, 58
crestas, 40, 47
Cretácico, periodo, 5, 47, 50
crías,
    de dinosaurio, 39, 41, 43
    de mamífero, 52, 54, 55, 68, 71
    de reptil, 30-45
crinoides (lirios de mar), 21
Cuaternario, periodo, 5
cucarachas, 25, 31
cuentas, 89
cuernos, 42, 43, 60, 61, 68, 78, 82, 90, 91
cuevas, 69, 76-77, 78, 81 ,82
Cynognathus, 35

D

Daedicurus, 65
danza, 89
Darwin, Charles, 10
Deinonychus, 37
Deinotherium, 66

Devónico, periodo, 4, 22-23, 25, 26-27
Diadiaphorus, 64
Diatryma, 62
dicinodontos, 34, 35
Dickinsonia, 17
Didolodus, 56
dientes de sable, tigre de, 59
dientes, 8, 9, 10, 22, 28, 31, 32, 33, 34, 36, 37, 39, 40, 47, 49, 52, 58, 59, 60, 62, 63, 66, 71, 77
Dimetrodon, 32
Dinofelis, 58
Dinomischus, 19
dinosaurios, 5, 7, 8-9, 10, 35-43, 48, 50, 51, 52, 53, 56
    "avestruz", 36
    carnívoros, 36-37, 48
    con cabeza de hueso, 42
    con cresta, 40
    con cuernos, 43
    con plumas, 10, 48
    crías de, 39, 41, 43
    de pico de pato, 40-41
    de pies de pájaro, 40
    evolución de los, 35
    extinción de los, 5, 50-51
    herbívoros, 9, 38-43
dioses y diosas, 85, 90, 91
Diplocaulus, 28
Diplodocus, 38
Diprotodon, 55
domesticados, animales, 92
Dryopithecus, 71
Dunkleosteus, 23

E

Edaphosaurus, 32
Ediacara, fósiles de, 17
Eldonia, 19
elefantes, 5, 54, 66-67, 75
enterramiento, 82, 91
Eoraptor, 35
equinodermos, 20
Equus, 63
escorpión de mar, 21
escorpiones, 25
España, 78, 90
especies, explicación de las, 11, 94
esponjas, 18, 21
esporas, 24, 25
esqueleto, 6, 8-9, 18, 20, 22, 23, 27, 30, 47, 48, 72
estegosaurios, 42, 94
estómago, 39, 68
estrella de mar, 6, 20
estrellas, formación de las, 12
estromatolitos, 17
Euoplocephalus, 42
Euparkeria, 35
Europa, 69, 78, 80, 83, 86, 88, 91
euryptéridos (escorpiones de mar), 21
Eusthenopteron, 26
euterios, 54, 55, 64, 94
evolución, 10-11, 64

F

felinos, 5, 11, 57, 58, 59, 67
flechas, 93
fósiles, 6-9, 10, 17, 18, 19, 48, 49, 67, 94
    ejemplos de, 6-7, 20, 25, 49
    formación de, 6-7
    pistas de los, 8-9, 10, 17, 19, 48, 72
fotosíntesis, 16, 17, 94
Francia, 79, 90
fuego, 76-77, 79, 80, 88

G

Gallimimus, 36
ganado, 93
garras, 19, 36, 37, 48, 49, 59, 70
Gephyrostegus, 28
Gigantopithecus, 70
glaciación, 68-69, 80, 86, 88, 92, 94
Glyptodon, 65
gliptodontes, 65
graptolitos, 21
guijarros, 74, 75
gusanos, 17, 18

H

hacha de mano, 77
Hadar, Etiopía, 72
hadrosaurios, 40-41, 94
Hallucigenia, 7, 19
Hapalops, 65
helechos, 29
Henodus, 44
herbívoros, 9, 25, 31, 32, 33, 34, 38-43, 52, 55, 56, 58, 60-63, 64, 66, 68, 69, 71
herramientas, 72, 74-75, 77, 78, 79, 81, 82, 84, 85, 88, 92, 93
Hesperocyon, 58
Heterodontosaurus, 40
Himalaya, 15
homínidos, 72-79, 94
Homo erectus, 76-79, 80, 86
Homo habilis, 74-75, 76
Homo sapiens sapiens, 84
Homo sapiens, 80, 84
Homotherium, 58
huellas fósiles 7, 72
huesos, 6, 7, 8, 26, 27, 36, 38, 47, 72, 80
huevos, 27, 29, 30, 37, 41, 48, 53
humanos, evolución de los, 4, 5, 19, 57, 70-84, 86
Hyaenodon, 58
Hylonomus, 30-31
Hypsilophodon, 40
Hyrachyus, 58
Hyracotherium, 62

I

Icaronycteris, 57
Ichthyostega, 27
ictiosaurio, 6, 45, 94
Iguanodon, 40
Illingoceros, 61
India, 15, 63
Indonesia, 78

insectívoros, 25, 28, 29, 31, 46, 48, 49, 52, 71, 73
insectos, 5, 7, 24, 29, 51
instrumentos musicales, 89

J
Jurásico, periodo, 5, 38-39, 44-45, 46, 48

K
Kannemeyeria, 35
Keraterpeton, 28

L
La Brea, EE UU, 67
Laetoli, Tanzania, 72
lagartos, 30-31, 36, 51
Lagosuchus, 35
lanzas, 77, 79, 80, 85, 88
lanzavenablos, 88
lascas de piedra, 74, 75
lava, 13, 51
lenguaje, 83, 84, 85
leones, 11, 59, 69
Lepidodendron, 28
libélula, 28, 29, 49, 51
liebre del Ártico, 68
Liopleurodon, 45
lirios de mar, 20, 21
lobos, 59, 61, 67, 92
Lucy, 72
Lycaenops, 33
Lystrosaurus, 34

M
Macrauchenia, 64
magma, 13, 14
mamíferos, 5, 11, 34, 51, 52-71, 94
   carnívoros, 57, 58-59, 60, 61, 64, 68
   crías de, 52, 54, 55, 68, 71
   euterios, 54, 55, 64, 94
   herbívoros, 52, 55, 56, 58, 60-63, 64, 66-67, 68, 69, 71
   marsupiales, 54-55, 64, 94
   nadadores, 57
   primates, 57, 70-71
   primitivos, 52-53, 54
   que ponen huevos, 53
   rumiantes, 60-63
   voladores, 57
mamut, 67, 68, 69, 80, 81, 88, 90, 91, 92, 94
manadas, 39, 41, 58, 60, 61, 63, 86
mandíbulas, 22, 23, 27, 31, 34, 40, 44, 45, 46, 47, 73, 77, 80, 81, 84
manto terrestre, 12
mar, la vida en el, 16-23, 33, 44-45
marinos, reptiles, 5, 6, 33, 44-45, 50
Marrella, 18
marsupiales, 54-55, 64, 94
martillo de piedra, 74
martillo, 78
Meganeura, 28
Megatherium, 65

Megazostrodon, 52
Merychippus, 63
Mesohippus, 63
Mesopithecus, 70
Mesosaurus, 33
meteorito, 13, 50, 94
Metriorhynchus, 45
Moeritherium, 66
monos, 57, 70-71
montañas, formación de, 15
Moschops, 33
Muraenosaurus, 45
murciélagos, 57
musgo de porra, 28, 29
música, 89

N
nautiloideo, 21
Neanderthal, hombre de, 80-83
nidos, 37, 41, 48
notosaurios, 44
núcleo de la Tierra, 12

O
océanos,
   formación de los, 13
   vida en los, 16-23, 33, 44-45
Opabinia, 19
Ophiderpeton, 29
Ophthalmosaurus, 45
Ordovícico, periodo, 4, 20-21, 22, 24
ornitópodos, 40-41, 94
ornitorrinco, 53
Ottoia, 18
ovejas, 60, 93
Oviraptor, 37
oxígeno, 13, 17, 22, 26, 94
ozono, capa de, 24

P
pájaros, 5, 10, 48-49, 51, 62, 93
   evolución de los, 10, 48-49
Pakicetus, 57
Palaeocharinoides, 25
Palaeolagus, 56
Palorchestes, 55
Panderichthys, 26
Pangea, 15
pantanos, 7, 28, 66
paquicefalosaurios, 42
Parasaurolophus, 40
pareiasaurios, 32
patas, evolución de las, 26-27, 30
Patriofelis, 57
peces, 4, 22-23, 26
pelo, animales con, 34, 47, 52, 68, 69, 72
Pelonesutes, 44
perezoso, 65
Pérmico, periodo, 5, 32-33
perro, 58, 59, 93
pesca, 78, 79, 85, 92
pezuñas, 40, 61, 63
Phiomia, 66
Pholidogaster, 29

picos, 34, 35, 36, 37, 40, 43, 47
pieles (usos del hombre), 88, 89, 90, 93
pintura, 90-91
pinturas rupestres, 90-91
placas de la Tierra, 14-15
placodermos, 22, 23
placodontos, 44
planetas, formación de los, 12
Planetetherium, 57
plantas, 4, 5, 16, 17, 24-25, 28, 29
Platybelodon, 66
Plesiadapis, 70
plesiosaurios, 44, 45, 94
pliosaurios, 44, 45
plumas de mar, 17
plumas,
   animales con, 10, 48-49
   usos del hombre, 89, 90, 93
praderas, 60, 62, 76
Precámbrico, periodo, 4
primates, 57, 70-71, 94
Procoptodon, 54, 55
Protypotherium, 64
Pteranodon, 47
Pterodactylus, 46
Pterodaustro, 47
pterosaurios, 46-47, 94
Pterygotus, 21
pueblos, los primeros, 93
puercoespín, 65
pulmones, 26, 27, 31, 45

Q
Quetzalcoatlus, 47

R
Ramapithecus, 71
raspadores, 84
refugios, 79, 81, 85, 88, 93
renos, 68, 80, 86
reptiles, 5, 30-51, 94
   "dominantes", 35
   con vela de piel, 32
   crías de, 30
   nadadores, 5, 6, 33, 44-45, 50
   primitivos, 30-33
   sinápsidos, 32, 33, 52
   terápsidos, 33, 34
   terrestres, 30-43
   vida de los, 30-31
   voladores, 46-47, 50
Rhamphorhynchus, 46
Rhynia, 25
Rhyniella, 24
rinocerontes, 69, 80
rocas, formación de, 6, 13, 14
roedores, 56, 64, 94
ropa, 78, 80, 81, 85, 89

S
Sacabambaspis, 22
sacerdote, 90
Sarkastodon, 58
Saurolophus, 40

saurópodos, 38-39, 94
Seismosaurus, 38
semillas, 25
Sharovipteryx, 46
Siberia, 68
Sigillaria, 29
sílex, 74
Silúrico, periodo, 4, 20, 21, 22
simios, 57, 70-71, 72
sinápsidos, 32, 33, 52
Sinosauropteryx, 48
Smilodectes, 57
Smilodon, 59
Spriggina, 17
Stagonolepis, 35
Stegodon, 66
Stegosaurus, 8-9, 42
Stylinodon, 56
Styracosaurus, 43
supercontinente, 15, 33

T
tallas, 91, 92
tentáculos, 18, 20, 21
terápsidos, 33, 34
Terciario, periodo, 5
terópodos, 36-37, 94
Terra Amata, Francia, 79
Theosodon, 64
Thomashuxleya, 64
Thrinaxodon, 34, 52
Thylacoleo, 55
Thylacosmilus, 64
tiburones, 22
tiendas, 85, 93
tierra, 25
Tierra, formación de la, 4, 12-13
Toxodon, 64
Triásico, periodo, 5, 34-35, 44, 46, 52
Tribrachidium, 17
tribus, 84, 85, 88, 89, 90, 92
Triceratops, 43
trilobites, 20, 21
tumbas, 82
tundra, 68
Tyrannosaurus rex, 37

U
Uintatherium, 56
universo, origen del, 12

V
valvas,
   animales con, 6, 18, 20, 21
   usos humanos de las, 85, 89
valvas "candil", 20
vertebrados, 11, 22, 23, 30, 94
vida, origen de la, 16-17
voladores, reptiles, 46-47, 50
volcanes, 4, 13, 14, 15, 16, 51

WZ
Wiwaxia, 18
Zhoukoudian, China, 78
zorro ártico, 68

Copyright © 2000 Usborne Publishing Ltd, Usborne House, 83-85 Saffron Hill, Londres EC1N 8RT, Gran Bretaña. Copyright © 2001 Usborne Publishing Ltd en español para todo el mundo. ISBN: 0 7460 4504 2 (cartoné). Primera edición 2001 en lengua española para Estados Unidos. El nombre Usborne y el símbolo 🐝 son Marcas Registradas de Usborne Publishing Ltd. Todos los derechos reservados. Bajo las sanciones establecidas por las leyes, queda rigurosamente prohibida, sin autorización escrita de los titulares del *copyright*, la reproducción total o parcial de esta obra por cualquier medio o procedimiento, comprendidos la reprografía y el tratamiento informático, así como la distribución de ejemplares de la misma mediante alquiler o préstamo públicos. Impreso en Dubai.